企画◉日本青年心理学会
編集◉大野　久・小塩真司・
佐藤有耕・白井利明・
平石賢二・溝上慎一・
三好昭子・若松養亮

君の悩みに答えよう

青年心理学者と
考える
10代・20代のための
生きるヒント

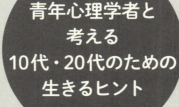

福村出版

JCOPY 〈出版者著作権管理機構 委託出版物〉

本書の無断複写は著作権法上での例外を除き禁じられています。複写され
る場合は、そのつど事前に、出版者著作権管理機構（電話 03-3513-6969、
FAX 03-3513-6979、e-mail: info@jcopy.or.jp）の許諾を得てください。

はじめに

　日本青年心理学会は、その前身から数えるとすでに50年以上の歴史をもつ学会です。青年心理学は、発達心理学、自我心理学と深くかかわりながら、青年期の心理を追究する学問として独自に発展してきました。

　青年心理学の研究では、これまでアンケート形式で集めたデータを統計的に分析して、青年の平均的な姿を探るような研究が多かったのですが、最近では一人ひとりの青年から直接話を聞く面接調査の実施や、青年の胸のうちが語られたレポートの分析にも関心が集まっています。

　また、青年心理学の研究者たちは、「青年心理学」「発達心理学」「人格心理学」といった科目のほか、教職課程関連科目など、大学で多くの講義やゼミを担当しています。そうした授業の中で提出される悩みに関するレポートやリアクションペーパーを読む機会も多く、さらには進路や人生に関する個人的な相談などを受けることが数多くあります。こうした相談に関しては、青年心理学の知見をベースにできる範囲で答えていくのですが、多くの青年たちが共通した悩みをもっていることを実感しています。

　今回、青年心理学会では、青年たちが日頃悩んでいるこうした問題に関して、専門知識をもつ専門家集団として真剣に答えを考えてみよう、さらにそれを書籍として刊行してみようという企画が生まれました。悩みと真剣に向き合うことの意味をみなさんに伝えたいと思ったからです。

　私たち青年心理学の研究者は、みなさんが感じる悩みや違和感がどんなものなのかに強い関心をもち、どのように考えればその悩みが解決できるか、軽減できるか、さらには自分づくりの役に立つかを日々考え探ってきました。この本には、その研究成果がつまっています。

　もちろん、この本でみなさんの悩みがすべて解決できるわけもありませんが、少しでもお役に立てるよう、解決のヒントがつかめるよう、できうる限り執筆しました。青年のみなさんが真剣に悩んでいるように、私たちもこの課題に真剣に取り組んでみたいと思います。

日本青年心理学会理事長　立教大学教授

大野 久

目　次

はじめに（3）

1章　生き方

本当にしたいことがわかりません。（8）
親の言う通りに生きてきたことが良いことなのかわかりません。（10）
趣味的生き方をしたいのですがダメでしょうか？（12）
良い学校、良い会社、高い給料が人生の目的？（14）
今が充実していれば先のことは考えなくてよいのでは？（16）
決められたレールを走り続けることに抵抗があります。（18）
子供は欲しいけど、結婚はしたくありません。（20）

2章　政治・宗教

選挙で棄権してはいけないのでしょうか？（24）
私が何かをしても社会は変わらないと思います。（26）
年金をもらえる保証はありますか？（28）
政治に不信感をもっています。（30）
宗教は必要でしょうか？（32）
親友の死をどのように受け止めたらよいでしょうか？（34）
宗教はなぜ争いを生みだしてしまうのでしょうか？（36）

3章　進路・就職

志望校でないので、やる気が起きません。（40）
大学に行かないといけないのでしょうか？（42）
この頃「ブラックバイト」が多いそうなので心配です。（44）
勉強が嫌いだから、高卒で就職しようと思います。（46）
就職活動はどこから手をつければいいでしょうか？（48）
就活に勝てる自己分析とは？（50）
将来設計をどう描いたらよいのかわかりません。（52）

4章 学業

大学の勉強が将来にどうつながるのか見えません。（56）
大学でどのように勉強したらいいかわかりません。（58）
どうすればプレゼンテーションをうまくできますか？（60）
就職の前に院でもう2年という選択は正解でしょうか？（62）
学校に行けません。（64）
部活動は勉強の邪魔になるだけで無駄でしょうか？（66）
いじめについて悩んでいます。（68）
障害をもっている人を見ると怖いと感じてしまいます。（70）

5章 友人関係

親友かどうか確かめたいけど、どうしたらいいですか？（74）
女子のグループ行動が面倒です。（76）
ノリがよくてウケることが言えなきゃダメですか？（78）
キャラは何のためにあるのでしょうか？（80）
昔は今より友人関係が濃密だったのですか？（82）
友達に嫌われたのではといつも心配です。（84）
異性との友情は成立しないのでしょうか？（86）

6章 SNS・ゲーム

ゲームにハマってしまい、他のことが手につきません。（90）
即レスは必要ですか？（92）
匿名で悪口を書いてしまい、後悔しています。（94）
SNSに疲れることがあります。（96）
親がスマホを持たせてくれません。（98）
スマホを効果的に利用する方法はありますか？（100）
インターネットがあれば学校はいらないのでは？（102）

7章 親子関係

親が過保護で困っています。（106）
どうしたら家族に目を向けてくれるでしょうか？（108）
仲良し母娘で大丈夫？（110）
親への感謝の気持ちをどうしたら伝えられますか？（112）

よく両親とケンカをしてしまいます。（114）
親が妹ばかりえこひいきします。（116）
両親がケンカばかりしています。（118）

8章　気分・性格

劣等感を消すにはどうしたらよいですか？（122）
自己中（ジコチュー）な性格は直すべきですか？（124）
自尊心ってなんですか？（126）
性格は幼い頃に決まってしまうのですか？（128）
兄と性格が違うのはなぜですか？（130）
いいかげんな性格を変えたいです。（132）
自信がもてません。（134）

9章　恋愛

出会いがありません。（138）
相手の束縛がきつすぎます。（140）
セックスについてどう考えたらよいのでしょう？（142）
恋と愛の違いがわかりません。何が違うのですか？（144）
恋愛は必要ないと思います。（146）
どうせ私なんてモテるわけがありません。（148）
自分のことで精一杯で彼女のことまで考えられません。（150）

10章　身体

もっとやせて憧れのアイドルのようになりたいです。（154）
外見のせいで恋人ができません。（156）
いつか自分の顔を好きになれるでしょうか？（158）
自分の体臭が気になります。（160）
遺伝の影響からは逃れられないのでしょうか？（162）
同性ばかりを好きになる私は変？（164）
セックスしない＝好きじゃないになりますか？（166）

引用文献（169）

1章 生き方

本当にしたいことが
わかりません。

　学校の進路指導やキャリア教育で「自分の本当にしたいことを見つけて、就職を考えなさい」と言われることがたびたびあります。しかし僕には自分の本当にしたいことがよくわかりません。文学に興味はあるのですが、人に話しても「それでは食べていけないでしょう」と言われるばかりだし、むしろこれまで自分のしたいことを我慢することばかり教えられてきたような気がします。自分のしたいことはわがままと言われ、「わがまま言うんじゃありません」というフレーズに慣れてしまっています。これからどうやって本当にしたいことを見つけたらよいのでしょうか。
　　　　　　　　　　　　　　　　　　　　　　　　　（男性◎21歳）

人生の意味、アイデンティティを見つけるには……

　質問にあるような「自分の本当にしたいことがわからない」「自分に自信がもてない」という表現は、現代の若者たちからよく聞くことがあります。現代の若者たちが大人世代から言われる「わがまま言うんじゃありません」というフレーズに象徴されるように、子供たちの意志を否定して大人の指示に従うように仕向け、それを「しつけ」だと誤解している状況も確かに存在しているように思います。ただし10年20年先を考えると必然的に親世代は社会を引退し子供世代にすべてをバトンタッチしていかなければなりません。その段階で子供世代は誰からの指示を受けることもなく、自分たちの意志で生きていかなければなりません。したがって、親世代は子供世代

生き方 **1** 章

を育てるときに「しっかりと自分の考えをもって、自分の責任で生きていきなさい」と教えることが本来であることをまず書いておきます。若者たちも「自分で考えずに言うことを聞け」と言われたとき、もし「それならすべてを決めてくれ、言うことを聞いているだけなら楽だし、失敗しても自分の責任ではない」と考えているのだとしたら、注意してください。自分が40歳、親が70歳になったとき、自分の人生が失敗だと気がついても親は責任をとってくれないばかりか、責任をとる能力もなくなっています。

　自分の本来のあり方を探す方法について考えてみましょう。人生の究極の目的は人生の意味であり、それを求める「意味への意志」が重要であるとした実存分析の創始者フランクルは、人間はこの人生の意味「実存」に触れていないと、「こんなことしていてもいいのかな」という実存的欲求不満を感じると述べています[1]。このことを手掛かりに自分の本来のあり方を探すことができます。自分でやってみてもよいかなと思うことをある期間、徹底的に集中してやってみる。その結果は「やればやるほど面白い」か「こんなことしていてもいいのかな」の二つに分かれます。前者は実存に近いものでしょうし、当然後者は実存的欲求不満ということになります。

　次に、アイデンティティ理論の創始者であるエリクソンは、アイデンティティを選んでいくプロセスは危機と役割実験であると述べています[2]。危機とは、ここでは危ないという意味はあまり強くなく、むしろ、悩んで迷って選択肢を選ぶという意味です。また重要なことは人生の選択は最後には自分の責任であって、人は責任をとってくれないということです。したがって自分の選択を納得できるか、「これでよし」と腹をくくることができるまで十分に考え悩むことが大切です。もう一つの役割実験とは、自分の選択を実際に試してみることを意味しています。この役割実験によって自分が社会に通用するか、社会が認めてくれるか、これで自分が将来何十年か納得してやっていけるかを試してみるということです。

　まとめてみると、重要なことはとにかく動いてみるということでしょう。ちょっとした勇気を出して動きだす。動きながら考えるということが重要です。ところで一方で「好きなことでは食べていけない」とも言われます。この問題は12〜13ページで詳しく述べます。　　　　　（回答者：大野 久）

一言アドバイス　人生は自分のもの。自分で決めて生きていきましょう。

親の言う通りに生きてきたことが良いことなのかわかりません。

小さい頃から、親の言うことをよく聞く「良い子」だと言われて育ってきました。親に感謝しなさいと言われて育ってきて、親にはとても感謝しているし、人生の目的は親孝行だと思っています。ですが、最近心理学の本を読んで「反抗期は自我の発達に必要である」とか「心理的離乳（精神的な親離れ）の重要性」と書いてあるのを見て、考えてみると私はずっと我慢して生きてきたような気がします。これまで親の言う通りに生きてきたことが本当に良いことなのかわからなくなりました。

（女性◎18歳）

反抗期の意味、本当の親孝行とは……

心理学的に反抗期は、自立した自我発達には必要なプロセスだと考えられています。ホリングワースという女性の心理学者は、青年期は親から心理的に離乳する時期であり、親の監督を離れ自立した人間になろうとすると述べています[3]。さらに、青年期の心理的な親離れであるこの心理的離乳については、中学生頃のただ親を嫌悪したり、感情的に反抗する第一次心理的離乳、高校生・大学生くらいになって親の立場を理解し時には共感したり同情さえする、親を一人の人間として見るような対等な関係に移行する第二次心理的離乳、さらに親が社会的・経済的にも力を失い、親を頼る存在ではなくむしろ子供が親を支える親子関係が逆転した第三次心理的離乳の段階に分けられます。

生き方 **1** 章

このように青年期の親離れは心理学的に必然なのですが、一部には、親などの年長者の価値観を無批判に自分のものとして受け入れ、青年期の悩みなどを感じないフォークロージャーと呼ばれる青年群が存在しています[4]。フォークロージャーの特徴として、すべて年長者の価値観が正しいという思い込みゆえに、融通がきかない硬い権威主義的な性格で自分に対する批判などには一切耳を傾けないことがあげられます。ただし一方で、フォークロージャーの青年は表面的には自分に自信があり、見かけでは生活への適応感も高いとされています。このように一見良い子ではあるのですが、自分に関する悩みなどは一切先送りしていて、成長しても子供のままの心情をそのまま継続していると言ってよいでしょう。

ここで子育ての意味について改めて考えてみましょう。一つの考え方として山梨県の民間伝承に「順のくぶし」というものがあります。これは子供世代が初めて親になって子育ての苦労を知り、自分の親世代に「親孝行したい」と申し出たとき、かつての親世代は「親に改めて親孝行する必要はない。なぜなら私たちも親に育てられてきたのだから。親に子育てしてもらった恩を感じるなら、自分が子育てをしてその恩を子供に返しなさい。親からもらった恩を子育てで子供に返す。そうして代々子育てはつながってきたのだよ」と言って子供たちを諭したのです。しかし現代ではLGBTの人や身体的・社会的・経済的な状況によって子供がもてない人がたくさんいます。その場合、自分の子供をもてないことに罪悪感をもってしまう場合もあるでしょうから、恩返しは実子を育てることだけではなく、より広い社会貢献で実現できることを強調しておきます。ポイントは親が子供を育てることは、すべての世代が順番に行ってきたことで、ことさら特別に親が子供に貢献したというわけではないということです。したがって親が子供に必要以上に親孝行や恩返しを求めることも過剰な要求と言えます。本当の意味の親孝行とは、自分自身が自立した社会人となり、親がいなくても立派に一人前にやっていけるようになることです。少し欲張って言うと、自らが職業をもち、人に迷惑をかけず、社会貢献でき、幸せな家族や仲間をもって生きていくことが一番の親孝行なのではないでしょうか。

(回答者：大野 久)

一言アドバイス

親に頼らず一人前になること。それが本当の親孝行です。

趣味的生き方をしたいのですがダメでしょうか？

現在大学に籍を置いていますが、バンド活動に専念しています。バンド以外のことには身が入らない状態です。周りの学生が就活などを始め、私も将来のことが少し気になり始めました。しかし、キャリア教育などで「好きなことを見つけて就職しなさい」と言われると、「それはバンドです」と思っています。それを大人たちに言うと当然のごとく否定されます。それは論理が矛盾していると思いますが、一方で、ではバンドで食べていけるかどうか正直なところ不安でもあります。どう考えたらよいのでしょう。　　　　　　　　　（男性◎22歳）

最後に納得できるかどうかが大切。

青年心理学の講義を行っていると、同様の悩みを相談されることがよくあります。確かに現代では「本当に好きなことを見つけて就職しなさい」「自信のもてる人生を見つけなさい」などのキャッチコピーが就職に悩んでいる青年たちを取り巻いています。しかしそれに対する若者たちの感じ方は、「本当に好きなことを言えば否定されるし、大人の言っていることは結局、見栄や外聞、会社のブランドや収入の高さだけじゃないか」「自信のもてる人生なんて言われたって、自信がもてる生き方なんて見つかりやしない」というものが多数です。やりたいことをして生きていきたいのはみんな同じですが、確かにやりたいことでは食べていけない、またどんな職業でもやりがいを感じられないような単純作業や非常に面倒な準備作業などが山のように

生き方 **1**章

待ち構えています。したがって職業生活は「好きなことを見つけて就職する」などという生易しいものではないこともまた事実です。

　では見方を変えて「夢」という概念を用いて、将来についてどう考えたらよいか一つの考え方を述べていきましょう。現在キャリア教育の中で語られている「キャリア」とか、適性検査で測定される自分の「適性」は、あたかもなにか実体があるかのように感じます。しかし昔は同じ内容を「夢」という言葉を使って説明していました。「看護師になりたい」も「宇宙旅行に行きたい」も同じ夢として語られ、キャリアと比較するとずいぶん柔軟な考え方です。私は、将来に関する可能性を夢という言葉を使って以下のように説明しました[5]。ある人間が夢をもった場合、将来の可能性とその評価として、①夢が実現した→問題なく「よかったね」といえます。②夢がはかなく散った→これは「しょせん夢だから仕方がないよ。すべての人の夢が実現するわけではない」と慰められます。③夢を実現させるために別の（食べるための）職業をもつ→これは一見否定されそうな選択肢ですが、実は多くの芸術家や文学者たちが本来の夢で食べていけるようになるまで別の仕事をもっていたことはよく知られています。しかし、若者たちはこのような生き方を人から教えられたこともなく、自分でも考えてみなかったと述べることが多くあります。④夢を諦めて現実的な就職を考える→恋人と結婚するために夢をこうした選択肢に取り替えるようなケースも時には見受けられます。これはこれで人の幸せを考えた立派な選択といえます。⑤食べられなくても最後まで夢を追求する→画家ゴッホは存命中自分の描いた絵がほとんどと言ってよいほど売れなかったのですが、弟からの経済的援助を得て生涯描き続けました。この生き方は家族など周りの人に大変心配や迷惑をかけるでしょうが、この生き方を選択しなかったら死後140年以上経っても高い評価を受けている天才画家ゴッホは存在しなかったことを考えると、こうした生き方を全否定するわけにもいかないでしょう。以上のように夢というものの5つの可能性を考えたとき、大局から考えるとすべてが許されてよいものなのです。最終的に大切なのは、自らが納得できるかどうかです。　　（回答者：大野 久）

一言アドバイス

自分が納得できる人生を選びとろう。

良い学校、良い会社、高い給料が人生の目的？

小さい頃から何のために勉強するのか考えることがたびたびありました。大人たちからは「良い成績をとって、良い学校に入って、良い会社に入って、高い給料をもらうこと。それが目的でしょ。勉強するのは自分のためよ」とよく言われました。しかし、勉強する目的がそんな利己的な理由であることがどうしても納得できません。そんな利己的な人生を送ることが理由なら、勉強する意味がないような気もします。本当に人生は良い学校、良い会社、高い給料が目的なのでしょうか。

（男性◎18歳）

物質的・経済的以外の幸せがある。

人は何のために生きているかについて、現代社会では個人の最大幸福の追求ということが重視され、自分の幸せを追求することが人生の目的だと言われることも少なくありません。しかし哲学的、心理学的には、様々に考えられてきました。その一部を紹介しましょう。

まず、アメリカの人格発達の研究者エリクソンは、青年期に人間は自分の生き方（アイデンティティ）に関心を集中するが、成人期になるにつれ、子供や次の世代を担う若者など次世代の幸福に関心が移っていく（世代継承性）と述べています[6,7]。つまり、若い頃は自分のことで頭がいっぱいですが、年齢とともに人の幸せに対する関心が高まるとされています。成熟した人間の特徴としてあげられてきたものには、人のことを自分のことのように心配

生き方 **1**章

することなどを含む「共同体感覚」[8]や「自我感覚の拡大」[9]「利己性の突破」[10]などがあります。これらの概念はいずれも他者の幸せに対しての配慮、気配り、関心などを示しています。つまり人格心理学的には、自分の幸せのことばかり考えている人間よりも、他者の幸せに関心をもてる人間の方がより人格的に成長していると述べられています。したがって、生きる目標や勉強する目的が自分の幸せのためだということに疑問をもつことは、人格的にはより高度な関心に基づいた疑問といえます。

　この他者の幸せに対する関心については、かつてわが国でも「一生懸命勉強して、世のため人のために役に立つ人間になる」という考え方がありました。このキャッチフレーズは、現在ではすっかり目にしなくなりましたが、人が喜んでくれる、人の役に立てる、社会の役に立てる生き方が大変に価値のある生き方であるとしています。ちなみに、なぜ人の幸せのために生きることができるのか、人を愛することができるのかと疑問をもつこともあるでしょう。この点に関しては、愛の本質は人から愛される喜びではなく、人を愛すると、その相手が幸せになることそのものが喜びであるという「愛する喜び」によって説明されます[11]。具体的には、子育ての苦労が子供の笑顔によって報われるとか、教師や看護師等、人に尽くす職業が人から感謝されることで報われる、大切な人のために作った料理が相手に喜んでもらうことで報われるなどにその例が見て取れます。

　別の考え方として、ピーパーという哲学者は『余暇と祝祭』という本の中で物質的・経済的な幸せを求めるのではなく、お祭りなどで神との一体感を感じる生き方の価値について述べています[12]。こうした生き方は人間の存在を超えた超越的な存在との一体感を得る価値ある生き方だとさえ考えられます。

　ここには紹介しきれない考え方もたくさんありますが、このように、人間は自分の物質的・経済的な幸福のためだけに生きているのではないとした心理学者や哲学者が多数いたことを紹介して、みなさんの悩みを解決するヒントにしていただきたいと思います。
　　　　　　　　　　　　　　　　　　　　　　　（回答者：大野 久）

一言アドバイス

お金が一番という考え方に惑わされずに、自分なりの幸せを追求しよう。

15

今が充実していれば先のことは考えなくてよいのでは？

日々の生活が充実していない友人が周りにたくさんいます。私は決して将来をないがしろにしているわけではありませんが、日々をしっかり生きることこそが将来につながると思っています。

（女性◎19歳）

A 将来と日々の生活をある程度関係づけることが重要です。

「将来のことばかり考えて、日々の生活が充実していない」という友人の姿は、私もダメだと思います。将来のことを、脅迫的にいつも考えている学生が私の周りにもいますが、健全な姿ではありません。将来のことをときどき真剣に考えながらも、日々の生活を充実させるのがベストです。

他方で、日々の生活を充実させることに注力していればそれでいいのかというと、それもダメだと思います。大学生としての「日々の生活」をそのまま延長させて大人になれるのであれば、問題はありません。しかし、多くの人には、大学を卒業すると就職、結婚、子供をつくることといったライフイベントがやってきます。「日々の生活」とライフイベントとは異なる要素がたくさんあり、長い人生を構築するためのライフイベントは、日々の思考の中から短い期間でこうだと決められるものではありません。文学部に進んだ学生が、あるとき医者になりたいと思ってもなることはできません。特に、女性であれば、結婚・出産を何歳頃でするかということが、自身の仕事のキャリアをどのようにつくっていくかという計画と大きく関係してきます。社

会的な結婚適齢期はなくても、生物学的な出産適齢期があると言われていますし、卵子の老化による妊娠力の低下の問題、産休・育休をどうとるか、保育園をどうするか、考えることはたくさんあります。パートナーである男性も当事者です。当然のことながら、結婚・出産・育児は男性のキャリアデザインにも大きく関係します。節目節目で自身の人生（就職や結婚、子供など）をどのようにつくっていくか、すなわちキャリアデザインを行っていくことが重要です。

　しかし、将来のことを脅迫的に考えてばかりいるのも良くないと思います。「キャリア・ドリフト」という概念があります[13]。ドリフトは「漂流する」「流される」という意味です。キャリア・ドリフトとは、節目でない人生の時期を、将来はこうだと決めつけずに、予期しない偶然の出来事や出会いを柔軟に受け止め、あえて流されてみることを勧める考え方です。流された結果、思いも寄らぬすばらしい人生が見えてくることは十分にあることです。節目節目のキャリアデザインは重要ですが、他方でキャリア・ドリフトも重要です。この考えは、キャリアを固定的に考えてはならないと警鐘を鳴らすものです。

　将来か日々の生活かという二者択一の考え方は問題がありますし、将来に基づいて日々の生活を過ごすといった、極端に両者の関係をつけすぎた考え方も問題があります。ある程度将来と日々の生活との関係をつけながらも、大胆に流される、場合によってはそれによってキャリアデザインを修正することも重要となります。

　その上で最後に、今ここにはない将来のことを考えること、さらにはそれを日々の生活に関係づけて行動することは、ある種の「力」だということを述べたいと思います。私はそれを「二つのライフ」と呼んで、両者を関係づけた学生がそうでない学生に比べて、様々な側面で成長していることを実証的に明らかにしています[14]。　　　　　　　　　　（回答者：溝上慎一）

一言アドバイス　二者択一ではなく、どちらも大事だと柔軟に考えてください。

決められたレールを走り続ける ことに抵抗があります。

多くの人は、大学を卒業して当たり前のように就職をし、やがて結婚をし、家庭・子供をつくります。友人と話していても、このことに何の疑問ももっていないようです。しかし私は、それは決められたレールの上をただただ走り続ける機械のような気がして、いささか抵抗を感じます。どう考えればいいでしょうか。　　　　（男性◎20歳）

A 自分でレールを敷くのが 現代の生き方だ。しかし……

「男は妻子を養い（仕事）、女は家庭を守る（家事・育児）」といった伝統的な性役割分業が崩れているのが現代社会です。就職をする、結婚をする、子供をつくるといったライフイベントをどのように行うかは、個々人の選択に委ねられます。

　これは生き方の問題です。身分制や家制度、経済的な事情等で生き方がひどく制約されていた時代にはなかった現代的な問題です。生き方を「選択できる」と捉えれば、良い時代になったといえます。いろいろ選択肢が思い浮かぶ人、能力の高い人には幸せな時代になったともいえます。しかし、生き方の選択肢が思い浮かばない人、思い浮かぶことはあっても見合った能力がない人にとって、生き方を自分で考えることは苦しみを伴う作業です。ここには、一長一短があります。

　決められたレールの上を走らないと罰せられるということはありません。あなたが世の中の一般的なレールに抵抗を感じるならば、それを崩して、自

身が納得するレールを敷けばいいだけのことです。身近な人から批判を受けることがあるにしても、気にしなければいいのです。どうしてもという場合には、土地を離れてもいいのです。社会的にはこうしたことが認められるし、受容されるのが現代社会です。

　ただ、個人の選択というだけで片づけてしまえない問題であることは付け加えなければいけません。多くの人が就職するのは「パンのため」でしょうが、それは経済的に自立した、成熟した大人になるためでもあります。結婚をし子供をつくるのは、結婚したいから、子供が好きだから、といった個人の好みの問題だけではなく、社会的な大人としてどう生きるかの問題でもあります。「大人になる」ことの条件としては、①学校教育の終了、②職業生活の開始、③それに伴う親からの経済的自立、④離家、⑤結婚、⑥出産、⑦社会的責任や義務の発生があげられます[15]。これらは、長い歴史の中で見出されてきた、人が成熟した、社会的な大人になることの条件です。死ななければいいといった個人だけの関心に基づいた閉鎖的な生活では、⑦の納税や選挙における投票といった社会人としての責任や義務を十分に果たすことはできないでしょう。自分一人でも生きられると思っているとしたら、生きるために必要なものを買う、食べるといった行為が、実はいろいろな人たちとの社会的関係の中で可能となっていることも無視していることになるでしょう。成熟した社会的な大人となるために、外せない条件があることもどこかで知っておく必要はあるように思います。　　　　　　　　　　（回答者：溝上慎一）

一言アドバイス

人生を、決められたレールと見るか、自由に走れるハイウェイと見るかはあなた次第。

子供は欲しいけど、結婚はしたくありません。

私はけんかばかりしていた両親を見て育ったので、結婚しての家庭生活には絶望しています。結婚すれば、家事もしなければならなくなるし、自分の時間もお金も自由に使えなくなる。それは嫌です。しかし、女性として生まれたからには、子供だけは欲しいと思います。

（女性◎21歳）

最後はライフスタイルの問題ですが……

就職をする、結婚をする、子供を産むといったライフイベントをどのように行うかは、個々人の選択に委ねられます。この話に男女の別はありません。伝統的な性役割をとる場合でも、それは他の選択肢がいろいろある中で選びとった個人の選択の結果となります。同じ「結婚をする」でも、二人で同居して生活する選択肢もありますし、仕事の関係で伴侶と別居生活を強いられる選択肢、親と同居することが結婚の前提となる選択肢もあります。「就職をする」「子供を産む」も同じです。

　ライフスタイルの観点でいえば、子供を産む・産まないは個人の選択の結果とみなされます。良いか悪いかは個人の価値観や人生観に基づいて判断されるべきものであって、社会的に受容されるかどうか、批判されるかどうかによってその是非が論じられるべきものではありません。

　ただ、シングルマザーの多くが相当の苦労をしていることは知っておく方がいいと思います。よく取り上げられる問題は年収の低さです。非正規の職

だといっそう深刻になります。厚生労働省が示す調査結果では、母子世帯の正規雇用の母親の平均年収は 270 万円であるのに対して、非正規雇用は 125 万円です[16]。両親ともにいる世帯でも、女性の平均年収は 269 万円で、母子世帯で正規雇用の場合とほぼ同額ですが、これが男性になると違います。父子世帯でも 426 万円、両親ともにいる世帯になると 507 万円と、約 2 倍近くの年収となります。正規・非正規雇用にかかわらず、多くのシングルマザーの平均年収は相当低いという事実があります。加えて、子供の教育費がかかります。文部科学省の「子供の学習費調査」の結果によれば、幼稚園 3 歳から高校 3 年生まですべて公立に通った場合で計 523 万円、すべて私立に通った場合で計 1770 万円かかります[17]。母親の年収が上記程度の額だとすると、子供の教育費を払っていくのは相当な負担になると予想されます。

　友達には父親がいるのに、自分にはいないことを子供が知って悩むことも少なからず出てきます。離婚してやむをえない場合は別としても、子供にどのように説明するかということも考えておかなければいけません。

　異性（男性）とのつきあいは、同性の友人関係とは異なる親密な関係性の問題ともいわれます。恋人をつくること、恋愛して親密性を築くことがその人の関係性の能力を高めたり、自己の幅を広げたり、アイデンティティをより確立することにもつながることが実証的に明らかにされています[18]。異性とのつきあいは、お金もかかるし、時間も自由も奪われますが、自身の豊かな成長にもつながります[11]。はじめからシングルマザーとして生きることを考える前に、自身の親密性、自己成長を見直してみてはどうでしょうか。

（回答者：溝上慎一）

一言アドバイス

親一人で子供を育てることの経済的難しさを知っておいてください。

おすすめ図書

○ハチミツとクローバー
羽海野チカ（著）　2002〜2006年　集英社　【マンガ】
美術大学学生5人の青春群像。青年たちの生き方の模索、恋愛模様。それぞれの進路選択に納得していくプロセス。中高生におすすめ。

○働くひとのためのキャリア・デザイン
金井壽宏（著）　2002年　PHP新書
キャリアを節目でデザインしつつも、流され（ドリフト）偶然出会うものも大事にしたいと説く書。生き方全般に適用可能です。

○思春期の自己形成：将来への不安のなかで
上里一郎（監修）都筑 学（編）　2006年　ゆまに書房
10〜18歳を「思春期」として、中学生から高校生あたりの自己形成の本質に迫る本。学校や対人関係について説いています。

○エピソードでつかむ青年心理学
大野 久（編著）　2010年　ミネルヴァ書房
人生の中での青年期、アイデンティティ、友人関係など青年心理学をエピソードで理解できます。様々な青年期の問題をわかりやすく解説。

○生きるということ
フロム, E.（著）佐野哲郎（訳）　1977年　紀伊國屋書店
人のもつ価値観について、to have と to be という観点から論じ、現代の物質主義とは別の本当の幸せのための価値観を考える名著。

○それでも人生にイエスと言う
フランクル, V. E.（著）山田邦夫・松田美佳（訳）　1993年　春秋社
人が生きる意味を見出すことを援助する心理療法を創始したフランクルの講演集。苦境に立たされている人、絶望を抱えている人におすすめの一冊。

○夜と霧（新版）
フランクル, V. E.(著)池田香代子（訳）　2002年　みすず書房
「心理学者、強制収容所を体験する」という章から始まるのですが、一気に引き込まれるドキュメント。生きるとは何かを考えさせられる一冊。

2章 政治・宗教

選挙で棄権してはいけないのでしょうか？

国の政治が自分たちの生活に影響することはわかっています。選挙権が18歳以上に引き下げられ、大人と同じように投票する権利を与えられた意味も理解しているつもりです。でも、今の政治の内容とか何が問題になっているのかがよくわからず、誰に投票すればよいのか正直見当もつきません。選挙権と言われても実感がわかないし、政治は遠い存在で、興味も関心ももてません。こんな私が権利だからと言って投票することは無責任ではないかとすら思ってしまいます。棄権してはいけないのでしょうか？　　　　　　　　　　　　　　（女性◎18歳）

棄権は消極的賛成を意味しますが、よいですか？

確かに政治というものは複雑で、国民一人ひとりの生活のあらゆる面につながっていながら、その実情をはっきりとイメージするのは難しいことかもしれません。中学校では「公民」、高等学校では「政治経済」の授業で政治の仕組みや選挙について学ぶ機会はありますが、制度や用語といった知識を習得するだけの無味乾燥な内容になりがちで、学校での勉強をきっかけに政治にすごく興味をもつようになるというわけにはいきません。また、現実の政治状況を見ていても、ウソやごまかし、疑惑隠しに懸命な政治家や与党と野党との間のいがみあいの様子ばかり報道されることが多く、これでは大人も、若い人たちに政治に関心をもちましょうとは言えないでしょう。

　2016年7月に行われた参議院選挙は、18歳選挙権が認められてから初

政治・宗教 **2**章

めての国政選挙でした。投票率だけを見ると、抽出調査によるものですが、18歳は51.17%、19歳は39.66%で、18歳に限って言えば全世代平均の56.08%に近く、20歳代の35.60%、30歳代の44.24%よりも上回っています[1]。選挙権の年齢引き下げがマスコミに大きく取り上げられたり、高等学校などで主権者教育に取り組んだ効果が、20歳代や30歳代よりも18歳の投票率が高かったことに現れたのでしょう。

　もちろん、投票率の高さがそのまま政治に対する関心が高いことを意味するわけではありませんが、政治に"まあ関心がある""関心がある"と回答した日本の青年は50.1%で、ドイツ（69.0%）や韓国（61.5%）よりも低いものの、スウェーデン（46.4%）よりも高い調査結果もあります[2]。

　このように考えてみると、若い世代の人々は政治に無関心というよりも、投票にそれほど大きな価値を置いていないだけなのかもしれません。つまり、潜在的には政治に関心をもってはいても、日常生活の中では優先順位が低いところに置かれているのでしょう。自分の生活とは切り離された、理解しがたい動きが政治の場で生じているように見えているのかもしれません。しかし、だからといって国の将来や国民生活のあり方を政治家に委ねてしまえば、後々の失政のツケを若い人たちが背負うことにもなりかねません。

　興味も関心もないのに責任をもって投票先を判断できるかどうか、不安や疑念を感ずることでしょう。棄権するしかないと思い込んでしまうのもやむをえないかもしれません。でも、棄権するということは、消極的ではあっても現政権の政策をよしとして認めることを意味します。

　誰でも自分の人生の目的とか自分にとって大切にしたいことをもっていると思いますが、投票しないことは自分が大切にしていることと相容れない政策を支持してしまうことにつながります。自身の価値観を基準として、どの政党あるいは候補者であればその実現に近づくことになるのかを、少しだけでもいいので時間をとって考えることができれば、投票するか棄権するかの葛藤は和らぐのではないでしょうか？　決して鵜呑みにしてはいけませんが、今はインターネットを通して政治に関する情報が手に入りやすいので、ぜひチャレンジしてみましょう。

（回答者：原田唯司）

一言アドバイス
せっかく政治に参加できる権利を認められたのだから、自ら放棄するのはもったいなくないですか？

私が何かをしても社会は変わらないと思います。

私は来年18歳になるので、選挙権がもらえます。でも、政治のことはよく知らないし、選挙に行ったところでいい社会になると思えません。ニュースを見てると、戦争やテロはずっとあるし、虐待とか殺人とか多いし、政治家は悪口の言い合いやウソばかり。自己中心的で冷たい人も多いですよね。先生は「選挙行けよー」と言うし、よく「清き1票を」と言われますが、どうせ自分が何かしたって社会は変わらないと思うし、めんどうくさいです。それでも選挙に行ったりしないとダメなんでしょうか？ 社会は変わると思いますか？　　（女性◎17歳）

A わかる。でも、社会は変わる。だから、一緒に考えよう！

思いを伝えてくれてありがとう。う〜ん、どう答えたものか……。「あなたも社会を変える一員。学び、考え、行動しよう！」と言うのは簡単です。でも、たぶん、あなた自身も、社会について知るとか選挙に行くとかが「大事ではない」とまでは思っていないのではないでしょうか。なのに、「選挙に行け」とお説教を繰り返されたら、「はいはい」「わかってるよ」「うぜー」と返したくなったり、バカにされているように感じたりするのではないでしょうか。「私が何かをしても社会は変わらない」という気持ちもわかります。私も選挙には行きますが、なかなか良い社会にならないなぁと、たまにむなしくなります。授業で「昭和20年に女性参政権が認められるようになった」などと習っても、自分からは遠い話に聞こえますよね。以前私が

政治・宗教 **2**章

行った調査では、あなたと同じような思いの人がたくさんいることがわかっています[3]。

けれど、社会は確実に変わっています。たとえば、以前なら学校では男子は「○○くん」、女子は「○○さん」と呼んでいたのが、今では性別に関係なく「さん」付けが推奨されることが多くなりました。季節や地域を問わず、女子の制服でスカートかズボンかを選べる学校も増えています。もしかしたら、あなたにとっては当たり前かもしれません。でも、私が高校生だった2000年代初めは、そのような学校はほとんどありませんでした。この1、2年(2017年現在)でも、社会は変化しています。たとえば、日本では整備が遅れていた、同性パートナーシップ条例や給付型奨学金制度ができつつあります。不十分な点もありますが、当事者をはじめとする人々が声をあげ続けたことで社会が動きました。2011年の東日本大震災以降、原子力発電所、安全保障、ヘイトスピーチ、待機児童、過労死、最低賃金などをめぐるデモやTwitter、FacebookなどSNS上での意見交流が活発になり、政策にも反映されるようになってきています。

そういう行動は、自分ではない誰か「特別な人」がするものだと思うかもしれません。けれど、以前はあなたと似た考えをもっていた人でも、「私だって、おかしいと思うことにおかしいと声をあげていいんだ」と行動するようになった人がいます[4]。2010年代半ば、SEALDsなど社会を変えようとする青年の活動が話題になりました。ファッションで悩み、趣味に熱中し、友達との話や日々のご飯が何よりの幸せという青年たちが、大人を動かしました。あなたも社会を変えうる力をすでにもっているように思います。青年期には、家族や友人などを超えたより大きな社会を認識できるようになり、社会の理想と現実を比べて批判したり、社会と自分との関係を意識したりするようになるとされています[5,6,7]。「私が何かをしても社会は変わらない」と思えたのは、あなたのものの見方が発達してきているからです。社会の中の自分を意識できるようになったためです。

選挙は社会を変える手段の一つですが、「おかしい」「嫌だ」という思いを出し合うのも社会を変える一歩です。「おかしい」と思うことがあれば誰かに伝えてください。一緒に考えましょう。　　　　　(回答者:峰尾菜生子)

一言アドバイス
あなたが「おかしい」と思うことは、案外、他の人も「おかしい」と思っているかもしれません。

年金をもらえる保証はありますか？

社会や政治に対して期待や希望をもつ感覚がよくわかりません。年金については、年金は支給されたらいいけど、もしもらえない（or 減額される）ということになったら、それなりになんとかすると思います。非現実的なことを言ったかもしれませんが、そう思ってしまうほど、年金の重要性をわかっていないのかもしれません。　　　　（男性◎20歳）

A　年金はもらえないと困ります。

　あなたのように「年金をもらえるのか」と心配をしている若い人は少なくないと思います。年配の人に言うと、「まさかそんなことまでは考えていないでしょう」と即座に否定されます。しかし、20代になると年金を支払い始めるからでしょうか、不安に感じている人は意外に多いと思います。

　生命保険文化センターが18、19歳の人に老後生活への不安の有無を聞いたところ、不安感のある人は58.4％でした[8]。上の年齢（20代から60代）に比べると少ないのですが、それでも過半数です。一番多い理由は「公的年金だけでは不十分」（63.5％）で、ダントツでした。これも上の年齢に比べれば低いのですが、若い人も公的年金はあてにならないと思っています。質問の最初にあった「社会や政治に対して期待や希望をもつ感覚がよくわかりません」という言い方にも、社会が頼りにならないという気持ちが現れています。

政治・宗教 **2**章

それでは、どうするか。公的な保障の充実を求めるのか、それとも、自助努力でなんとかするのか。私は、今の若い人には自助努力の考え方が強いのではないかと思っていました。結果は、公的保障充実は 49.4%、自助努力は 42.7% で、意見は分かれました。ただし、上の年齢に比べると、公的な保障の充実を求める割合が高くなっています。まだ 10 代なので自分ではなんともしがたいからでしょうが、とりあえず社会をあてにしていると言えます。

積極的な意味で社会が頼りになると思える感覚を社会的信頼と言います。私が他の研究者とかつて行った調査ですが、若い人が社会への信頼をもっているほど独り立ちしたり、定職についたり、結婚したりしていました[9]。ですから、若い人たちが大人になっていくうえで、社会が頼りになると思えることは大切なことです。社会に甘えているのでもなんでもないのです。

質問者は「もしもらえない（or 減額される）ということになったら、それなりになんとかする」と言っていますが、これでは、はっきり言ってノープランであり、問題を先送りにすることで不安を解消したつもりになっていると言われてもしかたがないと思います。

もちろん、若い人に老後の準備をせよと言っても無理な話でしょう。個人で準備しても準備しきれないものだからこそ、社会が保障しなければならないのです。公的年金制度は、働くことで上の世代を支え、自分が上の世代になったら支えてもらうという仕組みです。この制度だけでよいかどうかは議論の余地があるかもしれませんが、その仕組みにはいつの時代でも変わらないものがあると思います。なぜなら、子供の世代を育て、その子供の世代に養ってもらうという世代交代で成り立つ仕組みは、今までもそうでしたし、これからもそうであり続けると思うからです。ですから、払っていれば、年金はもらえるはずです。

私は、みなさんが自分たちの疑問を上の世代、たとえば親に投げかけてみてほしいと思います。私の聞いたところでは、年配の人たちの年金生活もどんどん苦しくなっています。しかし、「孫の世代に過重な負担をさせられない」と言って、我慢しているとのことです。上の世代を支える側と支えられる側が話し合って、一緒に考えていくことが必要だと思います。

(回答者：白井利明)

一言アドバイス　国に期待できないなら、なおさら要求しないといけないと思います。

政治に不信感をもっています。

政治家は、国民の願いをかなえるどころか、裏切る行為ばかりしているとしか思えません。特に「政治とカネ」にまつわるスキャンダルは政治家としての資質を疑わせるばかりか、そもそも誰に向かって何のために政治家をやっているのか、これではとても信頼して任せようとする気になれません。「選挙で投票しても政治は変わらない」とも思うし、どうすればいいのかわかりません。　　　　　　　　（男性◎20歳）

A できるところから政治に関わってみる。

政治家のスキャンダルは視聴率がとれるということなのか、テレビ番組などでの取り上げ方は、政治家の"悪事"のみが強調され、本来の仕事ぶりが正しく伝えられていない可能性があります。その結果、一部の特殊な例から政治家全体が倫理性を欠いているような印象がつくられてしまうこともあるかもしれません。TwitterやSNSなどを通して政党や政治家の側から情報発信する機会が増えているとはいえ、新聞やテレビなどのメディアの影響力は依然として大きく、意識の啓発というよりは政治に対する不信感を広げる原因の一つとなっていると言えそうです。

　政治に対する不信感が国民に行きわたってしまうと、民意が反映されないまま、国会議員や官僚などの一部の人たちが国の政治のあり方を決めてしまうことになり、国民によるチェック機能が働かない状態を生み出してしまいます。為政者にとっては、"もの言わぬ大衆"ほど都合のよい存在はありま

政治・宗教 **2**章

せん。政治不信が広がり、私たちから政治への興味・関心を失わせ、政治離れを招いてしまう状態が好ましくないことは間違いありません。

では、なぜ政治不信状態がつくられてしまうのでしょうか？　政治家や政党の否定的な側面を増幅させるメディアのネガティブキャンペーンが不信感を生み出す背景の一つになっていると考えられます。小選挙区制度が民意と獲得議席との乖離（かいり）を生み出すことも関係しているかもしれません。

また、国民一人ひとりの願いや要望を現在の政治家や政党がしっかりと受け止める仕組みがそもそも機能していないと思うこと、つまり現在の政治システムの応答性がきわめて低いという思いをもつことも政治不信状態をつくりだすことにつながっています。あわせて、政治に関する情報を集めて選挙の際に投票すべき候補者や政党を自らの考えに基づいて選択することなどできないし、したくもないと思い込んでしまう場合も、政治不信の発生に関連しています。政治システムの応答性や政治に関連する個人の能力に対する信頼感のことを「政治的有効性感覚」といいますが、政治不信の強さは、この政治的有効性感覚がきわめて低いことと密接に関連しています。

若い世代の人々の政治不信は、政治が自分のプライベートな生活から遠く隔たれた世界の出来事であり、政治家や政党と国民のニーズとの間のズレが非常に大きいという現行の政治のあり方そのものに対する不信感と、政治に対する知識が十分ではなく、興味も関心も低いことに由来する不信感とが融合した、複雑な特徴をもっていると言えそうです。

こうすれば政治不信状態を脱することができるという妙案はありませんが、政治に参加する主体であるとの自覚をもとに、今自分ができることに取り組むという姿勢が大切です。ときに友人と国政上の重要な話題について意見交換を行ったり、政治家や政党の特徴をインターネットで調べたりということはすぐできることかもしれません。18歳選挙権の導入を機に高等学校などで取り組まれている模擬選挙や模擬議会の体験をすることにも意味があります。こうした一つひとつは小さな行動であったとしても、その経験をだんだんと積み重ねていくことで政治との接点が徐々に増え、やがては政治不信にとらわれない主権者としての当事者意識を育てることにつながるのではないでしょうか。

(回答者：原田唯司)

一言アドバイス

できるだけアンテナを高く張って、政治に関する情報を集めましょう。知ることは力になります。

宗教は必要でしょうか？

友人がある宗教に入信しました。その友人はその宗教に入信したことによって、以前の生活よりもより良く生きられるようになったと私に話してくれました。それから友人は私をその宗教が開催している集会に誘うようになりました。確かに友人を見ていると、その宗教に入信したことにより、表情も明るくなったり、積極的になったりと友人の人生が好転したようにも感じます。私は何かの宗教に入信しているわけでもなく、宗教のこともあまりよく知りません。友人から誘われて、その宗教の集会に行ってみようかと迷っています。宗教に入信したり、何かの宗教を信仰したりすると、現在よりもより良く生きられるようになるのでしょうか。　　　　　　　　　　（女性◎19歳）

A 宗教としっかり向き合ってほしい。

まず私の体験談をお話ししたいと思います。私は、クリスチャン家庭に生まれ、育ちました。両親は熱心なクリスチャンで、その影響もあり、私も幼い頃から熱心に教会に通っていました。さらに私は小学生の頃から「将来は牧師になりたい」と思い、その思いを胸に、大学卒業後に牧師を養成する神学校に入学しました。まさに「信仰者（クリスチャン）」としての人生を歩んでいたのです。しかし神学校で大きな壁にぶつかりました。そこで「神を信じることとはいかなることであるのか」「信仰とは何であるのか」といった疑問が生じ、果てしない迷路の中に迷い込んでしまいました。いくら

神に祈っても、他の人に聞いても何の答えも得られないまま、精も根も尽き果ててしまい、私は牧師の道を、クリスチャンとしての歩みを断念せざるをえない状況に陥りました。私自身は、宗教（キリスト教）に大きくつまずき、傷ついてしまったのです。そこで私はこのように思ったのです。「両親や兄（兄は現在も牧師をしています）は、宗教によって生かされているし、より良く生きている。しかし私は宗教によってつまずき、傷ついてしまった。宗教を通して、より良く生きる人もいるし、そうでない人もいる。この違いは何であるのか」と。実はこのことがきっかけで研究の道に入り、現在も宗教を対象とした「宗教心理学」の研究をしています。

　「宗教を通して、より良く生きる人もいるし、そうでない人もいる。この違いは何であるのか」と思ってから約20年が経とうとしていますが、いまだ明確な回答は出ていません。しかし、自分の体験から言えることは、「宗教との関わり方や受け止め方はそれぞれ人によって違う」ということです。やはり宗教にはプラスの面もマイナスの面もあるように思います。宗教によっては、私のようにつまずき、傷つく人もいます。それはそのまま「宗教を通してより良く生きられる人もいるし、そうでない人もいる」ということでもあるように思うのです。ただし、私自身もそうであったように、宗教を信じている人であっても迷いもあるし、葛藤もあります。宗教を信じたらすべてが幸せである、何もかもうまくいくといったことではないのです。おそらく質問してくれたあなたもそうであるように、日々の生活の中でいろいろなことに悩んだり、ときに立ち止まったりしていると思います。信仰者も同様なのです。ただ、そのような壁にぶつかったときに「信仰する」という行為が「そこから立ち上がり、前へ進んでいこう」とする助けになることもあります。そのような意味では、信仰することの「強さ」といったものがあるのかもしれません。

　ただ、宗教は人によってプラスにもマイナスにも働きます。また、信仰することはその人自身の生き方にも大きく影響していきます。だからこそ宗教との関わりをもとうと考えた場合には、その友人に流されるままに安易に入信してしまうのではなく、自らの生き方に関わる問題としてしっかりと向き合い、信仰するという意味を真摯に考えてほしいです。（回答者：松島公望）

親友の死をどのように受け止めたらよいでしょうか？

　　　一番の親友を震災で亡くしました。突然のことで現実感がなく、涙も出ません。もう会えない、以前の生活に戻れないと思うと、心に穴が空いたかのようです。また、「あの時、……していれば」や「もっと守れたのではないか……」と自分を責めてしまいます。その友人が亡くなったという事実を認めたくない、受け入れたくないとの思いもあります。またその友人に会いたいと、毎日のように繰り返し繰り返し思ってしまいます。親友が亡くなったことをどのように受け止めたらよいのでしょうか。
（女性◎17歳）

A　自分を大切にして、親友を想い続けてほしい。

　　　一番の親友を突然亡くされたあなたに対してどれだけのことをお答えできるのかとの思いがあります。お答えできる言葉は果たしてあるのかとの思いもあります。このような場合の受け止め方は一人ひとり違うのかもしれません。そのことから、このような考え方、見方があるという一例として私からの返答を受け取ってほしいです。
　「『死別』は人生最大の喪失ともいわれ、その人の生き方やアイデンティティなどに多大な影響を与える」[10]と言われています。一番の親友を亡くしたあなたが現在のような状態になるのは当然のことなのかもしれません。
　人間の理解を超えたものに対して人は無力です。「死」とはまさにそのようなものであるように思います。「死」を前にすると、すべてのものが吹っ

飛んでしまうように思います。それくらい「死」というものは大きく、圧倒的なものなのだと思います。そして、「愛する人との死別」はまさに人生最大の喪失であるように思います。

　そのような「愛する人との死別」に対して、グロルマンというユダヤ教の聖職者が「死別の悲しみを癒すための10の指針」を示してくれています[11]。内容は次の通りです。①どのような感情もすべて受け入れよう。②感情を外に表わそう。③悲しみが一夜にして癒えるなどとは思わないように。④わが子とともに悲しみを癒そう。⑤孤独の世界へ逃げ込むのは、悲しみを癒すには間違った方法。⑥友人は大切な存在。⑦自助グループの力を借りて、自分や他の人を助けよう。⑧カウンセリングを受けることも、悲しみを癒すのに役立つ。⑨自分を大切に。⑩愛する人との死別という苦しい体験を、意味ある体験に変えるよう努力しよう。

　ここでは10の指針を示していますが、ここから見えてくるメッセージは「できる限り自分を大切にして、周囲の人びとに助けを求めてみよう」といったことのように思いました。まずそのことを心に留めてほしいです。しかし、それらのことを留意しても、やはり悲しみ、痛みが癒えないといったことが起こりうるかもしれません。それくらい「死」というものは圧倒的なものなのだと思います。

　そのような中で理屈では納得できないけれども、どこかで気持ちを落ち着かせたいとの思いをもつこともあるように思います。そのようなときに、人はまた別の形で「人間の理解を超えたもの」である神や仏に頼るのではないでしょうか。グロルマンも無力感や絶望感を乗り越えていくうえで「信仰」が役に立つこともあり、人生の基盤を与えてくれることもあると語っています[11]。だからといって、特定の宗教を信じないといけないといったことではないように私は考えています。亡くなった親友を想い、親友の霊を慰め続けることも「信仰」の一つの有り様のように思います。「死」が人間の理解を超えたものであるからこそ、「親友の霊を慰めるとの想いを大切に持ち続けること（慰霊）」で、自らのうちにある悲しみや痛みが癒えていくといったことがあるように思うのです。

（回答者：松島公望）

一言アドバイス

自分を大切にして、周囲の人や人間の理解を超えたもの（信仰、慰霊）に助けを求めてください。

宗教はなぜ争いを生みだしてしまうのでしょうか？

テレビのニュースや新聞などで宗教同士が争っているとの話を見聞きします。また、学校の授業でも宗教同士が争ってきた歴史があることを聞きました。宗教のことはあまりよく知らないのですが、宗教というものは人間に対してより良い生き方を示す役割を担っているものではないかと思うのです。そのような役割を担っている宗教がなぜ争うのでしょうか。宗教同士が争うことによって、多くの人間が命を失ったり、傷ついたりしているのではないでしょうか。実際、テレビのニュースや新聞でもそのような痛ましい事件が報道されています。宗教は、それぞれより良い生き方を求めるのになぜ愚かな争いを行ってしまうのか、素直に疑問です。

（男性◎16歳）

宗教も「人間の営み」なのである。

宗教には、それぞれの考え方や立場による独自の「教え（教義）」があります。そして、あなたが書いてくれたように、その教えの多くは「より良い生き方」を示しています。しかし、その独自の教えゆえに「より良い生き方」の捉え方・示し方が宗教によって異なっていることがあります。この宗教によって「異なっている」ことが理由で「争い」を生じさせてしまうことがあるのです。

宗教の教えがたとえ「より良い生き方」を示していたとしても、その宗教教団で活動しているのは「人間」です。「人間」が宗教教団を組織し、活動し

政治・宗教 **2**章

ているわけですから、世の中にある宗教はどこまでいっても「人間の営み」でしかありません。宗教も「人間の営み」の一つでしかないのです。

あなたを含め人間には弱さもあり、足りなさもあります。宗教も「人間の営み」と考えた場合、やはりそこには弱さや足りなさ、ときに人間のエゴイズムといったことが生じるように思います。加えて、宗教（の教え）によっては、「絶対」や「正義」をふりかざすことがあります。「絶対」や「正義」をふりかざすと何が生まれると思いますか。そこには「排他」や「排除」が生まれます。排他、排除される側は、当然、そのようにならないように対処しないといけません。その結果、そこから「衝突」や「争い」が生まれるのです。

「なぜそこで譲歩ができないのか……」との思いになるかもしれません。しかし、自分たちの教えが間違っていると思って信じている人はおそらく存在せず、信じている人にとっては「それが正しい、それが絶対である」と思うことは当然ではないでしょうか。その「正しさ」「絶対」を証明するために、ときに「争い」が生じてしまうことがあるのです。やはり、宗教はどこまでも「人間の営み」でしかないように思うのです。「人間」という存在の愚かさ、悲しさ、やりきれなさでもあるように思います。

今回のような質問をしてくれるあなたのような方には、「宗教」をそのような面からも知ってほしいですし、考えてほしいのです。宗教は「絶対」「正義」を前面に出すことから、良きにつけ悪しきにつけ人間の有り様がより際立つといったことがあります。光が強いとそれだけ闇が濃くなるといったこともあります。宗教も「人間の営み」であるからこそ、人間と同様に宗教にも「光（プラス）」と「闇（マイナス）」が存在しているのです。闇の側面があるから、ときに愚かな争いを起こしてしまうということが生じてしまうのです。

宗教を「人間の営み」として見てほしいです。そして、宗教は人間と深く深く関わっています。太古から常に「人間の営み」の中に存在していたのが宗教なのです。それゆえに宗教を見れば、光や闇の面を含め人間の様々な側面が見えてくるように思います。人間を深く知りたいと思うならば、ぜひ宗教を見てください。人間を深く知るために、宗教から様々なものを学んでください。

（回答者：松島公望）

一言アドバイス

人間を深く知りたいのであれば、宗教を見てください。宗教から様々なことを学ぶことができます。

おすすめ図書

○君たちはどう生きるか
吉野源三郎（著）　1937/1982年　岩波文庫

旧制中学に通うコペル君が、叔父さんや友人とのやりとりを通して、科学的なものの見方や社会関係について学び、考えていく姿を描いています。

○社会人の生き方
暉峻淑子（著）　2012年　岩波新書

「社会人とは何だろうか」という問いから始まり、身近な社会、働くこと、社会人になりにくい社会、社会人としての生き方などを論じています。

○社会への出かた：就職・学び・自分さがし
白井利明（著）　2014年　新日本出版社

青年心理学の視点から、青年の就職のしかた、働きかた、人生の立ちあげかたについて指南します。

○学校が教えないほんとうの政治の話
斎藤美奈子（著）　2016年　ちくまプリマー新書

選挙に行ったら、誰に投票したらいいの？　そもそも政治とは何？　こんな素朴な疑問について、著者が熱く語ります。

○民主主義ってなんだ？
高橋源一郎・SEALDs（著）　2015年　河出書房新社

民主主義について、大人と青年が語り合い、なぜ彼らが政治に関わるようになったのか、理由がわかります。

○宗教を心理学する：データから見えてくる日本人の宗教性
松島公望・川島大輔・西脇 良（編著）　2016年　誠信書房

本書は、宗教を「人間の営み」の一つとして捉え、その観点から「日本人の宗教性」の有り様を筆者らが行った調査結果をもとに論じています。

○はじめての死生心理学：現代社会において、死とともに生きる
川島大輔・近藤 恵（編著）　2016年　新曜社

本書は、「死に逝く過程」や「死別」といったこれまでに行われてきた「死にまつわる心理学研究」について概観したものです。

3章 進路・就職

Q 志望校でないので、やる気が起きません。

目指していた大学に入学できなかったので、今の学校ではやる気が起きません。授業に出てもやりたいことと違うと思ってしまいます。もともと違う大学の違う学部を希望していました。何をしたいのかと考えてみると、やっぱり第一志望にしていた大学に行きたかったと悔いが残ります。もう一度、大学を受け直したいと思っています。

（男性◎18歳）

A 今の大学にいる自分を責めないでください。

あなたのような悩みで相談に訪れる人が私の周りでもまれにいます。しかし、多くの人は、「目指していた大学ではなかったけど、良い友人ができたので、この大学に入ってよかった」などと言います。ですから、志望校でなかったうえに、大学になじめないとなったときに、大学を受け直したいと思うのではないかと思います。

第一志望でなかったことを受け入れられるのは、やはり良い友人がいたからでしょうか。確かに良い友人がいることは事実でしょうが、理由そのものは後付けのような気がします。実際には、日々の大学生活に追われているうちに時間がたち、振り返ってみたらそうだった、ということではないかと思います。

人は誰でも今の自分を正当化しないと生きていけないからだと言う人もいます。そればかりでもないと私は思います。というのも、やっぱりこの大学

進路・就職 **3**章

は自分の一番来たい大学ではなかったという気持ちは最後まで残っていると思うからです。ある学生は、行かなかった第一志望の大学について、大学4年生になった今でも、いまだにその大学に進学していたら、と思いを巡らすことがあると言いました。「この大学に来てよかった」と語ったとしても、「この大学は第一志望ではなかった」という過去の思いはそのまま残っているのです。ですから、第一志望の大学でなかったことを思い続けることは悪いことではないのです。問題は、その後に、あなたが何をしたか、なのです。

　実際のところ、誰でも新しい環境に入ると、友人ができるかなどと不安に思うものです。だからこそ、友人ができると、本当にうれしいのだと思います。しかも、人との出会いといったことは自分一人ではどうにもならないものです。それゆえ、出会えた人は（私の友人になってくれるほどの）良い人だった、ということになるのでしょう。つまり、不安と偶然がセットになって、「この大学に入ってよかった」という結末がつくられているのです。ただし、そこにはそれなりの必死とも言える努力があったことは言っておくべきでしょう。どんなところであったとしても、与えられたところで力を尽くさなければならないものなのです。

　先ほどの学生は、今の自分は、第一志望の大学では得られなかったかもしれないものをたくさん携えていると考えています。視野の点ではより広いものを手に入れたと言っています。そして、「もしも、あの大学だったら」と思うことはおそらく一生自分の脳裏を離れることはないとしても、これまでの歩みによって、過去の願いをかなえられなかった自分を許すことができると言っています。

　これは興味深い話です。ひょっとしたら、あなたは、もし今の大学に来てよかったと思ったら、第一志望の大学に受かろうと努力してきた自分を裏切ってしまうのではないかと、恐れていませんか。こうした気持ちに思い当たることがあるようでしたら、あなたは、第一志望の大学に行かなくてよかったと思うことがあっても、それを認めることができないでいるのです。そろそろ、その縛りから自分を解いてあげてほしいと思います。

（回答者：白井利明）

一言アドバイス

後悔は、向き合うと、未来が立ち上がります。

大学に行かないといけないのでしょうか？

高校時代は音楽大学に進学したかったのですが、その進路が自分の実力不足でかなわなくなった際、大学進学とは別のことを考えました。しかし、中学時代の恩師や親に「とりあえず大学には行った方がよい。大学にいかないと仕事に就く際不利になる」と言われました。進学に対して具体的な目的があった分、可能性を見つけるために進学するという考え方になじめませんでした。　　　　　　　（男性◎18歳）

A 自分で決めることです。

教師や親の言う「大学に行かないと仕事に就く際不利になる」ということは、おそらく本当です。学歴によって就職先が違い、したがって生涯に受け取るであろう賃金が違うことは統計からもわかります。たとえば、労働政策研究・研修機構の計算によれば、男性の生涯賃金（退職金を含む）は、大学・大学院卒は3億2000万円なのに、高校卒では2億4000万円であり、8000万円ほどの違いがあります[1]。教師や親はそのことを知っているので、子供を少しでも有利な条件で社会に出させてあげたいと思っているのです。

あなたの疑問は、そうしたお金のことよりも自分のやりたいことがあるのに、自分の意思を曲げてまで教師や親の言うことを聞かなければならないのか、ということなのでしょう。

日本では、1990年代半ばから、フリーターなど非正規労働者が爆発的に増加し、今も増加の一途をたどっています。その中で「たとえ生活が苦しく

ても仕事のやりがいを重視する」といった見方が若い人を中心に前面に出て
きたように思います。仕事のやりがいがあるならフリーターでもかまわない、
たとえ将来、生活に困ることがわかっていても、今はそれでいいと言う人が
出てきたことは驚きです。大人からすると、将来が怖くてそんなことはでき
ないものだからです。

　アメリカの心理学者アーネットは、生活より自分のやりたいことを優先
させる働き方をアイデンティティのための労働と名づけています[2]。彼らに
とって働くことは、生活を安定させる以上のものです。自分が充実し、自分
を表現でき、それが世界にとって善であるものを求めます。これは、かつて
の大人が生活できること、そして家族を養うことを第一に考えたこととはま
ったく違っていますが、私はそこには今の青年の新しい可能性もあると見て
います。

　しかし、アーネットには批判もあります。フリーターは生活が困難だが、
それは社会から強制された結果であり、個人の力ではどうしようもないので、
何とかなると思わないとやっていられない、という批判です。また、やりが
いを求めることができるのは恵まれた青年だけであり、彼らは親からしたい
放題にさせられ、自立する力も育ててもらえず、プレッシャーだけをかけら
れているとも言われます。あなたの質問からも、親の押しつけにうんざりし
ているといった雰囲気が伝わってくるのは気のせいでしょうか。

　最初の質問に戻ると、確かに自分の人生の目標を自ら立てて、その実現に
向かうことは正しいあり方だと思います。自分の人生のことなので、自分で
決めたらよいと思います。しかし、あなたの言う別の進路が将来の生活を考
えないということなら、話は別です。いざとなったら親を頼ればよいという
甘えた考えだと言われてもしかたがないと思います。親に心配をかけないく
らいの自活を考えることは最低限、必要です。それを加味したうえで、親に
自分の人生の計画を粘り強く話してください。それをいとわないなら、あな
たは自立していると言っていいでしょう。自分の人生を自分で決めるからこ
そ、自分にとって重要な他者の意見は受け止めなければならないのです。

（回答者：白井利明）

大人になるとは、自分のことだけでなく、他人への責任も考えることです。

この頃「ブラックバイト」が多いそうなので心配です。

大学生になったらアルバイトをしようと思いますが、最近、ニュースなどで「ブラックバイト」の話をよく聞くようになりました。長時間、働かせられたり、休むと罰金を払わなくてはいけなかったりと、ひどい話ばかり聞きます。自分が知らないうちに、そういうアルバイトに関わってしまうのが怖いです。どうしたらいいでしょうか。

（女性◎17歳）

大事なのは、備えて飛び込むこと。

確かに最近、アルバイトの問題が注目されるようになり、多くの報道を目にするようになりました。また、SNSの普及で、個人が仕事の不満を自由に表現することができるようになり、労働者のリアルな姿が表面化してきています。厚生労働省が行った調査では、準備や片づけの時間の給料が支払われなかった、労働時間が6時間を超えても休憩時間がなかった、労働時間がしっかり記録されていなかった等々、アルバイト経験のある学生のうち5〜13％ほどが、法律に違反する恐れのあるトラブルを経験していました[3]。また、契約とは異なる仕事内容や労働時間で働かされた、勤務時間を無理やり増やされた（減らされた）、給与明細がもらえなかった等のトラブルも、同程度の学生が経験していました。この他にも、販売数のノルマがあり、売れ残りを買い取るように言われる、契約にない罰金制度がある、やめたいと言ってもなかなかやめさせてもらえない、ということもしばしばあ

るようです。

　では、アルバイトはしない方がいいのでしょうか。大学、短大、専門学校に通う時期は青年期の後期にあたり、まだ大人としての義務が免除されるため、モラトリアム（猶予）期などとも呼ばれます。やがて社会に出ていくうえで、自分の将来を選択することが求められるわけですが、この時期に重要なことは、複数の自分の可能性を生きてみること[4]です。これは、ありえる私の未来と、ありえない私の未来を仕分ける作業であると言ってもいいでしょう。アルバイト経験はその作業の手助けとなります。私たちの研究では、9割の対象者がアルバイト経験には何らかの意味があり、現在の自分や将来の自分のイメージに影響していると回答していました[5]。ある学生は、スーパーや山小屋でのアルバイトを通して、人と接することに喜びを感じる自分を発見したそうです。別の学生は、税務署での短期アルバイトを経験して、自分が公務員に向いているという実感を得ました。さらに、アルバイト先で出会った社員の、あまり楽しそうに仕事をしていない姿を見て、他の業種で就職することを決意したという学生もいました。

　これから起こりうることを想像して心配するのは、高度な心の活動で、青年期にかけて獲得される能力の一つです。確かに、アルバイトをすることのリスクはありますが、仕事の現場をほとんど経験せずに、やがて就職活動の時期を迎えることは、もっと怖いことです。大人社会は、様々な人々の思惑がぶつかり合う場所なので、トラブルがゼロになることはありません。大事なのは、トラブルに備えたうえで飛び込むことです。何かあったときに相談できる機関があることや、どのようなトラブルが起こりやすいのかを頭に入れたら、あとは冒険をする覚悟でアルバイトの世界に飛び込んでみてください。その経験はきっと、将来のあなたを探す手掛かりになるはずです。

（回答者：小平英志）

一言アドバイス

転んでしまう不安はあるけれど、立ち上がる方法はある。まずは一歩踏み出そう。

勉強が嫌いだから、高卒で就職しようと思います。

高校にはみんな進学しているので自分も進学をしましたが、中学校のときから勉強が面白くなくなり、高校ではなおさら難しいので、すっかりやる気をなくしています。こんな毎日にはすっかり嫌気がさしたので早く働きたいと思いますが、高卒では良い就職はできないと言われます。どうしたらよいでしょうか。　　　　　　　　（男性◎17歳）

A 「良い就職」とは？ とよく考え、その実現の道を探りましょう。

「良い就職」ってどのようなところに就職することでしょう？　実は人によって違うのです。比較的多くの人が言うところでは、たとえば「安定していてつぶれないところ」でしょうか。あるいは「自分がしたいと思う仕事ができるところ」でしょうか。それとも「高給が得られるところ」でしょうか。これらは、多くの人が望むことだけに、競争率は高くなります。求人を出した会社に、大卒の人と高卒の人が応募してきたら……大卒の方が「使える」だろうって思われるのは仕方ないですよね、年齢も上ですし、4年間多く勉強しているのですから。多くの人は、そのような理由もあって、大学に進学します。

　また時代的な流れとして、近年は非正規（身分の保証がなく、給与も安くボーナスも出ない）でしか募集がない職種が多くあります。本人が望まないのにそうした働き方をさせられることは大きな問題なのですが、高卒で就職する人は、そうした働き方の仕事に追いやられてしまうという危険性もあり

ます。若いうちは非正規でも多くの働き口がありますが、35歳を過ぎると それも少なくなってきます。そうすると結婚できない、子供が育てられない という事態に陥ります。

中学校や高校での勉強は、扱う範囲も広く、高度な知識を扱うので、「何のための科目や単元なのか」ということがわかりにくくなっています。人間には、年齢を問わず「自律性の欲求」というものがあり、自分で（どのように）やるかどうかを決められないことに対しては意欲がわかない、ということがわかっています。だからわけもわからず「させられる」勉強を嫌いになるのは、とても自然なことです。人生、もっと自分の思うように生きてみたいですよね。

そこで冒頭の質問に戻ります。あなたにとって「良い就職」とは？　自分が思うように生きたいと思っているなら、どんな就職を自分はしたいのかを、世の中をじっくり見ながら考えてみてください。そして「こうなりたい！」という希望が固まったら……そこで望む生き方をしたいなら……それを実現する（採用されて、その仕事で成功する）道は、やはりそのための力をつける、つまりは勉強することになります。勉強とは、何かを実現するための「手段」でもあるのです。

心理学の言葉で「自分でしたいと思って取り組むこと」を「内発的動機づけ」、「他人から賞や罰を与えられるので取り組むこと」を「外発的動機づけ」と言います。一般に「内発的」は意欲的な取り組みであり、「外発的」は意欲が低いものです。上で述べた「したいことを実現するために（それ自体には興味がないものに）取り組むこと」はその中間に位置します。これは内発的な目標に対して外発的に取り組むものですが、ただの「外発的」よりはずっとやる気になれるものです[6]。人は、このように「目指したいこと」が見つかると、それに向けて頑張れる生き物なのです。　　　　（回答者：若松養亮）

一言アドバイス

目指したい姿や就きたい職業を見つけると、前向きに生きていけます。

就職活動はどこから手をつければいいでしょうか？

大学3年の秋から就職活動が始まると聞きますが、実感がわきません。そもそも就職活動をどうやるかもわかりません。また就職以前に、人見知りで新しい環境になじめない自分の性格も悩みの種でした。こんなことで就職できるのか、社会人としてやっていけるのか、次から次へと心配事が浮かんできます。　　　　　　（男性◎21歳）

A 少しずつ準備をして、機械的に始める。

　卒業後の進路を考えなければならない大学3年生の時期になると、誰しも不安になります。これを「職業選択不安」「就職不安」と言います。

　日本では、ほとんどの学生が就職活動を経験したことがありません。社会人経験のある学生が増えてきたとはいえ、まだまだ多くはありません。経験したことがない事柄を不安に思い、心配するのは当然のことです。ですから3年生になったら、少しずつウォーミングアップを始めます。就職活動の体験記を読んだり、企業を調べたり、先輩に話を聞いたりします。焦らずに情報収集をして、少しずつ不安を解消し、自信をつけていきます。

　この自信を、専門的には「就職活動に対する自己効力感」と呼びます。この「自己効力感」を高めるために、インターンシップに行ったり（遂行行動の達成）、同じ大学の先輩の就職体験談を読んだりします（言語的説得）。また、自分の就職活動のモデルになる人を見つけます（モデリング）。

　大学では、3年生向けの就職セミナーなどを開催しているはずですので、

積極的に参加しましょう。大学のキャリアセンターは、世の中で一番みなさんの就職のことを考えています。先輩の就職活動も毎年見ているので、傾向や対策を把握しています。大学の就職セミナーを活かさない手はありません。

秋になり時期が来たら就職活動を開始します。このとき、大切なのは、どんなに悩み、心配事があっても、スタートを切るべきときには必ずスタートを切るということです。日本では、新卒の大学生は一定期間内に一括して採用してしまいます。この時期を逃すと、就職活動は難しくなっていくばかりです。企業側のスケジュールに乗らなければ就職できません。ただ逆に言えば、それに乗りさえすればよいとも言えます。就活サイトでは、どの時期に何をやればよいか常に情報発信しています。まずは素直にそれに乗っていきます。

最初の段階で、将来についてじっくり悩むことが重要だと思う人もいるかもしれません。大事なことですが、将来について悩むのは、就職活動をやりながらでもできます。むしろエントリーシートを書いたり、説明会に出て社会人を目の前で見るなど、動きながら悩む方がよいでしょう。

就職活動で若い社会人に接しながら、その言葉づかい、態度、考え方を吸収していきます。就職活動のポイントは、どれだけ早く若い社会人の言動、態度、考え方へと変われるかにあります。これも「モデリング」の一種であり、実際の社会人を見て、社会人というものを体験的に学んでいくのが就職活動と言えるでしょう。

最後にもう一つ。社会人になってからも、学生時代と同じようなことに思い悩む人というのは少ないものです。社会人になるということは、学校にいた子供の自分から、大人の自分に新たに生まれ変わることです。学生時代に人と仲良くなるのと、社会人になってから人と仲良くなるのは、まったく意味が違います。学生時代に、自分の経験値で思い悩むよりは、まずは就職して社会に出て、若い社会人としてじっくり人生について思い悩んでいただきたいと思います。

(回答者：下村英雄)

就活に勝てる自己分析とは？

大学3年になって就職活動が気になり始めています。就職活動には自己分析をしっかりすることが必要だといろいろなところで言われますよね。ですが自分のこれまでの実績や成長はないに等しいので、就活に勝てる自己分析なんて、私にはできそうにありません。どうしたらよいのでしょうか。　　　　　　　　　　　（女性◎21歳）

A 手足を動かして自分を揺さぶり、なりたい自分を探りましょう。

　厳しい就職活動を勝ち抜くために自己分析が大切というのは、その通りです。しかし良い自己分析とはどのようなものでしょうか。
　第一に「座ってじっくり考える」のではなく、あれこれ体験したり、大量の職業情報に触れながら行うことです。様々なアルバイトやボランティアをしたり、職業の情報にあれこれ接してみたりすると、自分はこういう人間である（ではない）ということが浮き彫りになってきますし、自分が大切にしたい価値も見えてくるでしょう。これらのことは、「キャリア・アンカー」(進路の碇（いかり）＝言わば自分の生き方のブレない軸)の萌芽です[7]。こうしたことが少しでも見えてきたら、もっとその方向の情報探索や体験をしてみましょう。このように具体的、実践的に自己分析を行えば、就職活動にもスムーズにつながります。
　第二に「これまでの自分」のことばかり考えないことです。多くの人が、自己分析とはそのように行うことだと思っています。しかし人は経験や環境、

進路・就職 **3** 章

教育によって変わっていきますので、働き始めた後のあなたは、今までのあなたと同じではありません。また多くの学生の「これまでの姿」は、社会人としては未熟な部分が多いため、採用する側にとっては魅力的に映りません。

となれば、「こんな自分になりたい」を先に考えて、それを目指して自分を変えていってみませんか。たとえば「接客のプロとして尊敬されたい」と思ったら、そういう本を読んでアルバイトで技を磨いてみるといったように、です。もちろんどんな「なりたい自分」にもなれるわけではないですが、「今、こういうことを目指して頑張っています。このような成果が出ています」というアピールは十分響きますし、またそういう姿を目指したいのが私なんだとわかることも自己分析です。

このように、「私はこんな人なんだ」という自分像をアイデンティティと言います。アイデンティティに確信をもてれば、自信ももてますし、個性的な人ということです。ただし二つのことに注意してください。一つは、特定のアイデンティティに強く確信がもてるのはもっと大人になってからなので、就職前にはそのスタートラインに立つ覚悟を決めるくらいのものだということです[8]。もう一つは、そのアイデンティティは、周りの人たちも認めてくれて、社会でも通用するかという「役割実験」のプロセスを経たものである必要がある[9]ことです。これはなかなか難しい条件なのですが、本人だけが「私はこういう人間（を目指すん）だ！」と言っているだけでは、役に立ちにくいことはわかってもらえると思います。少しずつでよいので、自分のアイデンティティを人に話してみる、実践してみるといった試行錯誤をしてみてください。最後の最後に、自他ともに認められるものに到達できればよいのです。

（回答者：若松養亮）

一言アドバイス　あなたの魅力的な個性に気づくために、いろいろなことにチャレンジしてください。

将来設計をどう描いたらよいのかわかりません。

つきあっている彼がいますが、結婚も含めて、将来を見通せずに悩んでいます。私の母親は専業主婦で、パートで家計を補助しています。母は愚痴ることもありますが、私にも専業主婦になることを望んでいます。私もそれがいいとは思うものの、今は働き続けている女性も多いし、結婚そのものが不確定要素です。将来をどのように考えたらよいでしょう。

（女性◎19歳）

A 自分の身は自分で守ってください。

様々な分野における規制緩和が進んで、雇用が流動化しています。ご両親が若い頃にはなかった契約社員や派遣社員という働き方があります。期間を限定した雇用と、時間を限定した雇用（いわゆるパート）があります。雇用（人を雇い入れること）と言っていますが、今は大半が雇われて働く被雇用者です。

学校を卒業して就職するとき、大半の人は正規雇用を望みます。みなさんの親の時代はそれが普通でした。就職して普通に働いていれば昇給し、昇進もする。また定年まで雇用される、いわゆる終身雇用でした。でもこれは戦後の高度経済成長の中で生まれた雇用慣行で、日本に特有のものです。雇用の流動化と先に言いましたが、経済のグローバル化が進行し、企業間の競争も激化する中で、日本特有のこうした雇用慣行は維持しにくくなっているというのが現状です。ですからまず、学校を卒業する段階で正規職に就けるか

否かという問題があります。仮に就いても、その会社が数十年先まであるかどうかはわかりません。大企業が倒産したり、不正会計で傾いたりしているのはご存じでしょう。せっかく苦労して就職しても2〜3年で辞める人たちも多くいます。中卒で7割、高卒で5割、大卒で3割の人が辞めると言われてきました。今はもっと多いかもしれません。日本は学卒一括採用なので中途採用はとても不利になります。そのため辞めた人は正規雇用を諦め、派遣や契約、アルバイトなどで働くことになります。

　一方、結婚に目を向けると、男女とも結婚年齢がとても遅くなっています。女性では平均29歳、男性では31歳で、30年前より5年も遅くなっています。これは結婚の利点が減り、また結婚への圧力が減ったからと考えられます。未婚者による「結婚の利点」として、男女とも「精神的な安らぎ」「新しい家族がもてる」があげられ、「結婚することで一人前と認められる」という回答は、男性の場合、かつては1〜2位でしたが激減しました。「独身の利点」はお金の自由、時間の自由で、裏を返せば結婚することでそれらの自由が失われると男女とも考えています。

　ただ、「働くことは過酷で、だから専業主婦に」と考えても、自分の親たちの時代とは違うということだけははっきり自覚してください。若い未婚の女性の間で性別役割分業（男は仕事、女は家事・育児）を肯定する割合が増えたと騒がれましたが、それも「"仕事も家事も"と両方押し付けられてはたまらない！」という悲鳴があるからです。若い未婚の男性の大半は「夫婦で働くこと」を期待しています。でも、家事・育児を自分も担うことはあまり考えていないのですよね、考えられないのでしょう。

　これからの時代、男性も女性も働かないと食べていけません。親たちが育った時代とは違うのです。特に女性は「自分の身は自分で守る」術をしっかり身につけてください。そのうえで、結婚相手に収入を求めるのではなく、家庭をともに担う"覚悟"を求めてください。IT技術が発達し、かつて若い女性が担っていた事務系の仕事はほとんどなくなりました。これからの10年、20年、AI（人工知能）が人にとって代わると言われています。だからこそ自分が働いて、生きていく覚悟が求められるのです。

（回答者：伊藤裕子）

一言アドバイス　時代は親の若い頃と大きく変わっています。「今」の社会に目を向けましょう。

おすすめ図書

○なぜ7割のエントリーシートは、読まずに捨てられるのか？：人気企業の
「手口」を知れば、就活の悩みは9割なくなる
　海老原嗣生（著）　2015年　東洋経済新報社
大学生の就職活動の基本的な考え方をＱ＆Ａ方式で紹介。単なる就活本ではな
く、就職活動の本質と企業のものの見方がわかります。

○面接の達人2018 バイブル版
　中谷彰宏（著）　2016年　ダイヤモンド社
大学生の就職活動のバイブルとして有名な書。単なる就活本の域を超え、大学
生が行うべき自己理解・自己分析を深く掘り下げています。

○キャリア教育の心理学：大人は、子どもと若者に何を伝えたいのか
　下村英雄（著）　2009年　東海教育研究所
働くことと生きることと学ぶことの3つは大人になっても大切な柱であること
を教えてくれます。

○勉強するのは何のため？：僕らの「答え」のつくり方
　苫野一徳（著）　2013年　日本評論社
中学・高校生に、勉強することの意味や理由を、決して押しつけでなくやさし
く説き、考えさせてくれる本。

○モテる構造：男と女の社会学
　山田昌弘（著）　2016年　ちくま新書
モテる構造がジェンダーによって違っている事実に着目。男性の場合は明らか
ですが、果たして女性は？

○人生を物語る：生成のライフストーリー
　やまだようこ（編著）　2000年　ミネルヴァ書房
私たちは失ったものをどう受け止めるのか、心理学の切り口で教えてくれます。

○詳解 大学生のキャリアガイダンス論：キャリア心理学に基づく理論と実践
　若松養亮・下村英雄（編）　2012年　金子書房
進路選択の研究者が、大学生の就職や進路選択を、当事者である大学生と大学
教員・職員向けにわかりやすく解説しています。

4章 学業

大学の勉強が将来にどうつながるのか見えません。

歴史に興味があって史学科のある文学部に入学しましたが、それを活かした将来の職がうまく見つけられません。「文学部に入ったら仕事ないぞ」と親にも言われましたが、私はどうしても歴史の勉強をしたくて、文学部史学科に入りました。周りの友達の中には、大学での勉強と将来の仕事は別と割り切っている人もいますが、私は何とかつなげたいと思っています。どのように考えればいいでしょうか。

（男性◎21歳）

A そのまま教職・研究職に就くのは代表的な選択。他方で身につけた能力と方法論を活かす道は他にもある。

考え方として大きく二つあると思います。一つは、誰もが思うことでしょうが、歴史の知識を教えたり研究したりする職に就くことです。「教える」ことの代表職は、中学校・高校の社会科の教師です。「研究する」ことの代表職は大学の教員です。大学教員は、大学院へ進学して最低5年間学んで博士号を取得しなければなりませんので、多くの人にとっては、教員免許をとって中学校や高校の教師になることが現実的です。最近の学校教育では授業に、自ら学び深い思考を伴うアクティブラーニングや問い自体から自身で考える探究的な学習を組み込むようになっています。教師は、深い問い

や課題を与えて生徒に歴史的な課題について深く思考させる授業をしなければなりません。教師になってからも、歴史について広く深く勉強していくことが求められます。

もっとも、教師である以上、歴史だけでなく、社会科教員として地理や公民などの歴史以外の教科を教えることも必要となります。歴史や社会科の前に教師である以上、授業以外の生徒指導やホームルーム運営などを、教師の職務の一つとして行う必要もあります。歴史を通して、歴史を勉強しながら、生徒をしっかり育てようと思えれば、教師は理想的な仕事になると思います。この話は、歴史に限らず、数学や理科が得意な人、好きな人でそれを仕事につなげたいと思っている人にも当てはまります。

歴史の知識を扱う職として、歴史博物館や史料館等で学芸員（要資格）として働くこと、歴史関係の書籍や雑誌を扱う出版社で働くこともよく紹介されます。しかし、これらはとても間口が狭いので、他の職を候補としながら考える方がいいかもしれません。

もう一つは、歴史を学ぶプロセスで身につける問いを立てる力、資料・史料を調べる力、問題解決力などの「リテラシー」や「コンピテンシー」と呼ばれる能力を仕事に活かすという考え方です。リテラシーやコンピテンシーを身につけるには、具体的な知識や史料を通しての思考や探究、協働的な学習が必要です。歴史を学ぶ者だけが身につける能力ではありませんが、歴史という具体的なテーマや課題に関心があって、疑問に思うことを解決し、知りたいと思うことが、リテラシーやコンピテンシーを身につけることにつながります。リテラシーやコンピテンシーは、どんな仕事に就いても活かせる、汎用性の高い大きな能力となります。

歴史を学ぶプロセスで身につける能力が将来の仕事に活かせると考えられるならば、職業はなんでもいいはずです。多くの仕事には歴史的なものの見方・考え方が問われる側面があります。学んだ歴史の知識を活かせる場面は少なくても、歴史を学ぶプロセスで身につけた能力を発揮する場面は山ほどあります。数学や理科などが得意な人にも当てはまる話です。歴史を教えたり研究したりできれば良し、就けなくても身につけた能力を活かせれば良し、そう考えて楽しく歴史を学べばいいと思います。　　　（回答者：溝上慎一）

一言アドバイス

専門的に学んで身につけたリテラシーとコンピテンシーはどんな職に就いても活かせます。

大学でどのように勉強したらいいかわかりません。

念願叶って第一志望の大学に入学し、少しずつ学生生活にも慣れてきました。でも、大学での勉強方法がわからず困っています。高校までのように先生が大事なことを丁寧に板書して、ノートに取るところや試験に出るところを教えてくれません。ほとんどの授業では教科書もありません。たくさんの学生がいる授業や少人数の授業、先生の話をひたすら聞く授業やグループワークなど自分たちが積極的に関わる授業など形態も様々です。大学ではどのように勉強すればいいのでしょうか。

（男性◎18歳）

A 学ぶことは自分と向き合うこと。

まず、大学での授業スタイルを知りましょう。大学には、大人数講義や少人数ゼミ、講義形式や演習形式、実験・実習、フィールドワークなど様々な授業の形があります。評価の方法も、正解のある筆記試験から、自分の考えを表明する記述型の試験、個人であるいは複数の学生と協働で調べた結果を発表したりレポートにまとめて提出したりするものなど様々です。それぞれの授業が何を目標にして、どのような内容をどのような方法で行うのかといった情報はシラバスで知ることができます。事前にシラバスをしっかり読んで、授業を選択し、学ぶための準備をしましょう。

次に、自分にあった学習スタイルを見つけましょう。これまで受けてきた授業で特に記憶に残っている方法や、深く学べたと感じている方法を思い出

学業 4章

してみてください。先生の話を聞いたこと、本や教科書を読んだこと、映像を視聴したこと、自分で工夫しながらノートを書いたこと、観察・実験したこと、先生に質問したり友人と話し合ったりしたことなど様々あると思います。そして、自分にあった勉強方法について考えてみましょう。どんな場所で（自宅、図書館、自習室など）、どんなときに（早朝・深夜、毎日時間を決めて・時間は決めずなど）、誰と（一人、友達など）勉強するのが自分にあっているでしょうか。勉強方法に唯一絶対のものはありません。まずは自分にあった学習スタイルを見つけて実践してみましょう。それでうまくいかないときは他の方法も取り入れてみましょう。

　大学にある資源も積極的に活用しましょう。大学には勉強方法をサポートしてくれる場所や機会があります。最近では、初年次教育と呼ばれる正規の科目でも勉強方法を身につけることができます。大学によってはスタディ・サポートとして、特定の場所で先輩学生が相談に乗ってくれたりもします。自分の大学にどのようなサポートがあるのか調べてみましょう。先輩や友達、オフィスアワーなどを利用して先生に聞いてみるとよいでしょう。大学で学ぶ方法を知る書籍もたくさん出ています。

　最後に、試験・受験のための受動的な「勉強」（生徒）から自分の興味・関心に基づく主体的・能動的な「学び」（学生）へと気持ちを切り替えましょう。主体的・能動的に学ぶことを通じて、世界の見方、社会との関わり方を身につけることができます。自分は何に興味があるのか、どんなことをやってみたいのか、没頭して時間を忘れるような瞬間はどんなときかなどじっくりと考えてください。大学で学ぶということは、多くの知識を覚えて、試験で良い成績を取ることだけではありません。過去の自分を振り返り、将来の自分を構想すること、重要な他者との関係性を築きながら、自分は何者かという問いに一定の回答を見出すこと、そして学校から社会への円滑なトランジション（移行）を遂げることをも含むものです。大学での学びを通した自己の探究を大いに楽しんでください。

（回答者：山田剛史）

一言アドバイス

大学での学びは「知」を介して自分と向き合うこと。人生を支える基盤をしっかりつくりましょう。

どうすればプレゼンテーションをうまくできますか？

グループでのディスカッションやプレゼンテーションを行う授業が増えています。言いたいことをクラスメートに先に言われてしまったり、考えているうちに議論が違うところにいってしまったりして混乱します。プレゼンテーションも、前に出たら緊張してしまって、思うように話ができません。どうしたらうまくできるようになるでしょうか。

（男性◎21歳）

A 失敗を重ねて上達していくしかない。

月並みな回答ですが、失敗を重ねて上達していくしかありません。ただ、「失敗を重ねて」のプロセスにはいくつかのポイントがありますから、それをここでは紹介します。

第一に、失敗を重ねるだけの機会が必要です。ディスカッションやプレゼンテーションの力を上達させるには、トレーニング（練習）としての機会が必要です。トレーニングをしないで上達するスポーツ選手がいないことと同じです。具体的には、ディスカッションやプレゼンテーションを課す授業を積極的に受講しましょう。できれば、友人が多くいる授業よりも、できるだけ知らない学生、異なる学部や学科の学生のいる授業が望ましいです。

第二に、トレーニングの機会を、授業以外のクラブ・サークル、アルバイトなどの機会にも求めましょう。ディスカッションやグループワークを上達させるために、クラブ・サークル、アルバイトに参加するわけではないと思

います。しかし、よく考えてみると、そのような日常の活動の中に自分の考えを述べたり他者の話を聞いて考えを返したりする場面が山ほどあることに気づきます。日常の活動の中で自分を鍛えましょう。

　ただし、それで第一の点は不要とは考えないでください。授業で扱われる知識や内容は体系的であったり抽象的であったりして、同じディスカッションやプレゼンテーションといっても、難易度が高いものです。将来の職場で求められるディスカッションやプレゼンテーションには、職場内でのよく知った同僚同士でなされるクラブ・サークル、アルバイトに近い状況と、外部の関係者や一般の人たちを相手になされる授業に近い状況とがあります。両方必要です。バランス良くトレーニングの機会をつくりましょう。

　第三に、うまくできなかった点について次回はどうしたらうまくいくかと考えて、それを試行錯誤して要点を知り、自分のディスカッション・プレゼンテーションスタイルとして確立しましょう。うまいディスカッションのしかた、プレゼンテーションのしかたを説く本は多く出版されています。それを買って、多少はコツを学ぶのもいいと思います。しかし、究極のプレゼンテーション・ディスカッションは人に自分の考えがしっかり伝えられることであり、他者の考えに耳を傾け、双方向的なやりとりができることです。コツを学んだ同じ二人が、同じようにディスカッションができるようになるなら、苦労しません。東大合格体験記を読んでも、みんなが東大に合格するわけではありません。試行錯誤をして、自分がどのようなときにうまくできたか、どのようなときにうまくできなかったか、その原因は何だったか、次はどう工夫するか、といったことをしっかり考えることです。こうして個性的な、あなただけのディスカッション力が身につきます。プレゼンテーション力も同じことです。

　最後に、プレゼンテーションの前にはリハーサルを１〜２度はしましょう。実際の場面をできるだけ思い浮かべて行うとより効果的です。

（回答者：溝上慎一）

一言アドバイス　一歩上を常に目指してとにかく経験を重ねるべし！

就職の前に院でもう2年という選択は正解でしょうか？

大学3年ですが、あと1年で社会に出て働くなんて無理な感じなので大学院に行きたいと思います。2年あれば、社会のことも見えてくるし、先に就職した同級生の話も聞けます。あと専門性を身につければ、就職活動でも有利になると思います。ただ学費が余計にかかるぶんの「見返り」があるかどうか、不安なのですが。 （男性◎21歳）

A その先の進路にきちんとつながっているかが大切です。

大学生が卒業直後に社会に出て働くには、通常、多大な困難が伴います。なぜならお金を払ってサービスを受ける立場から、お金をもらって責任をもたされるという、180度の変化を伴うからです。これは「学校から職業への移行」といって、教育関係の研究ではよく取り上げられています。また大学の4年間は、「支払いを猶予してもらっている」という意味の「モラトリアム」の時期にたとえられ、その間に職業選択のことを調べたり考えたり、力をつけることを期待されています。

したがってこれから大学生になる人は、そういう時期が大学時代だと思ってください。他方、就職活動まで時間が残り少ない人は、大学院に進学してその時をかせげば、大丈夫なのでしょうか。端的に言って、大学院を出てから行う就職活動では、高められた専門性や積み重ねた経験が、確かにその年数分の価値があると評価してもらえなければ、かえって不利になります。有利になるのは、理科系の大学院に行って企業などで研究・開発の仕事に就く

場合か、法科大学院や教職大学院などに行ってその方向の職業に就く場合です。要するに、就職先が明らかに大学院で学ぶ延長線上にある場合でないと、有利になりません。したがって、その後の進路に見通しをもたずに進学をするのはリスクを伴います。

大学生が、職業選択や就職に対して自信がないと思うときに、まず考えられるのは、どの職業にも求められる実務や協働・連携の力、すなわち「エンプロイアビリティ（雇われる力）」の不足です。これが足りないと、特定の職業への向き・不向き以前に、どんな職業にも採用されなかったり長続きしなかったりします。まだ時間のある人は、サークルや大学祭等の実行委員、アルバイトやボランティアを重ねる中で、意識的に力をつけるようにしてください。

その意味では、就職活動自体もエンプロイアビリティを高めます。就職活動を苦労して経験することで、働くとはどういうことか、働く社会にはどのような目配りが必要か、今の経済や雇用の情勢はどんなものかといった知識や認識が深まります。また面接官に対して、自分の考えや展望を堂々と話せるようになります。学業と両立した日々を過ごす中で、短時間で問題解決をする技量も高まります。つまり、就職活動が社会で働くための鍛錬の場であり、さっさとそうした場に飛び込んでみることが、就職できる自分をつくるための意外な早道とも言えます。

それから、大学院の修士課程の2年間は、何よりも学問に取り組み、研究をするためにあります。実際、修了に必要な授業の受講と自分の研究だけでとても慌ただしくなり、進路選択のための体験や思索を深める時間は十分に確保できません。進路選択のために下手に時間を充てると、修了できなくなってしまうかもしれません。大学院は、単に時間がかせげていろいろ考える機会が多くなる、という見通しだけで進学するところではないということです。

（回答者：若松養亮）

一言アドバイス

2年後も同じように悩んでいるかも。それなら今、社会に飛び込んでみよう。

学校に行けません。

高校に入学してしばらく経ってから、登校できなくなりました。クラスのボスのような人が私のことを気に入らなかったらしく、クラス女子全員から嫌なことを言われたり、無視されました。担任の先生もそのことを知っているはずですが何もしてくれませんでした。私が学校に行っていた頃、先生が話している内容も、不登校の子には問題があるから学校に来なくてもよいという感じだったし、迷惑だというようなことを言っていました。やっぱり学校に行けない方が悪いのでしょうか。

（女性◎16歳）

A 不登校は生徒の問題ではなく、社会全体の問題です。

不登校について考える場合、不登校している生徒の方に問題があると言われてしまうことが多いのですが、心理学的に考えると不登校している生徒の方には落ち度がないと考えられるケースがいくつもあります。

まず、多くの場合の不登校のメカニズムを説明しましょう。不登校になりやすい人は、他の人が気づかないようなことに気づく頭の良さ、ある意味、融通がきかない真面目さをもっています。理性の部分では、「学校に必ず行かなければならない」という真面目さが働き、一方で無意識のうちに「学校にはどうしても許せない、納得できないことがある」という感情が働き、この二つの気持ちは解決できない葛藤をもたらします。この葛藤の状況は、発熱、腹痛などの身体症状、心身症となって現れます。これは仮病ではなく、

学業 **4** 章

圧力釜にある蒸気抜きの安全弁のような働きをする、人間の体に備えられた一種の安全装置です。心理的なストレスがあまりにも高まった場合、病気になることによって身を守る仕組みなのです。体に自然に備わっている仕組みなので、本人には道徳的な責任はまったくありません。

また別の例ではクラスの中で暴力の被害を受けており、ただそれが恐ろしくて学校に行けないというケースもあります。

教育を受ける権利は、国民が国に対して要求できる基本的人権の一つです。また、小学校・中学校は義務教育と言われますが、義務教育に関しては憲法第２６条第２項で「すべて国民は、法律の定めるところにより、その保護する子女に普通教育を受けさせる義務を負ふ」と書かれています。つまり義務を負うのは子供たちではなく一般的解釈では親なのです。さらに教育を受ける権利から考えると、社会全体の大人たちがこの権利を守ってあげなければなりません。したがって、不登校の子供たちの状況を改善しないことは、基本的人権の侵害であり、憲法に定められた国民の義務を大人たちが果たしていないことにもなります。次の世代を育てる大人たちはこの問題を重く受け止めなければならないでしょう。さらに、高校時代に不登校であった生徒が高等学校卒業程度認定試験（旧大学入学資格検定）で高校卒業程度の認定を受け、短大に入学し、その後首席で卒業したケースが実際にありました。小学校・中学校には適応し、短大では首席であった青年がどうして高校では不登校だったのか、考えさせられる問題です。

このように不登校の問題は、生徒の問題ではなく、家庭や学校、社会全体の問題であると考えることができます。近年では、上述の高等学校卒業程度認定試験やフリースクールなど、不登校の子供たちを支援する動きも広がっています。不登校になった場合でも、必要以上に自分を責めずに解決の方向を探し、支援してくれる窓口に助けを求めることが大切です。また家族も、子供を一方的に責めるのではなく、子供の立場に立って、話を聞き、理解し、支援する方法を考えていただきたいと思います。さらに学校も不登校はすべて生徒に原因があるという考え方を変え、学校のもつ問題を考えるという姿勢をもつことが必要です。

（回答者：大野 久）

一言アドバイス

不登校はあなた自身の責任ではありません。自分を責めずに人に助けを求めましょう。

部活動は勉強の邪魔になるだけで無駄でしょうか？

中学、高校と吹奏楽部に所属しています。自分は楽器を演奏するのが好きなのですが、高校3年になって親や先生たちが受験勉強の邪魔になるだけだから部活をやめなさいと言います。自分では勉強と両立させたいとも思っているし、そもそも音楽をすることが「無駄なこと」というふうにはどうしても考えることができません。本当にこうした課外活動は勉強の邪魔になるだけで無駄なのでしょうか。（男性◎18歳）

課外活動は将来のための貴重な体験。

　近い将来のことだけを考えた場合、高校・大学受験のために、受験勉強に専念した方がよいというのは、一般的にありうる考え方です。しかし残念ながら、社会に出て一生生きていくことを考えると、「受験勉強以外のことは役に立たない」という考えこそが間違っていることがわかります。

　現代の典型的な受験勉強を考えた場合、一部の理数系の教科で論理構成力などが求められる場合もありますが、多くの場合、記憶力が試されています。しかし実際の社会生活、職業生活を考えた場合、高度化された情報機器やインターネットの普及によって、膨大な情報を一瞬にして入手することができるようになり、かつてほどは記憶力が必要とされなくなりました。ではどのような能力が必要とされるのでしょう。

　第一に人間関係の中で人と上手にコミュニケーションをとり、チームワークの中で物やアイディアをつくり上げる能力が必要とされます。受験勉強で

学業 **4**章

は、むしろ自分だけが突出した成績をとることが求められ、人と協力することが奨励されることはほとんどありません。しかし実社会では、一人だけでものを成し遂げるという状況はありません。どんな形にせよ、必ず人との関係が求められます。

　第二に企画力、構想力が求められます。受験勉強では、正答や正解に至るプロセスを記憶し、そのまま再現することで高得点を得ることができますが、実社会ではそうしたやり方はほとんど評価されません。構想力とは「既存の情報や材料を組み上げて、新しいものをつくり上げる」能力です。いままでの技術革新もすべてこうしたやり方で行われてきました。過去の技術や蓄積された知見を研究し、そのまま再現するのではなく、これまで誰も気がつかなかった組み合わせにより新たなものをつくり出すことが求められます。

　第三に組織運営能力。コミュニケーション能力はどの段階でも必要ですが、社会の中で少し経験を積むと、組織を管理運営する能力を求められます。しかし、いわゆる受験勉強の中ではこうした能力を培う経験は皆無と言ってよいでしょう。第四に問題解決能力。新たな問題に対して、それに対応できるこれまでになかった解決法を考案し対処していくことも社会の中で求められます。

　ここまで見てきた能力は、残念ながら机上の古典的な受験勉強で身につけることは、ほとんど不可能と言ってよいでしょう。しかし、部活やクラブなど課外活動では、仲間たちと共通の目的を達成するために共同して活動を行う体験をすることができます。そこには組織が存在し、たとえば1年生は新人ですが、2年生は中堅、3年生以上が指導者、統率者、責任者などを短い期間のうちに経験することができます。この活動の中で、目標の策定、目標の達成のための計画、実践、組織の管理運営、人間関係の調整等々、将来、実社会の中で必要なシミュレーションをすべて体験することができます。したがって、受験勉強より学ぶことがはるかに多いといえます。みなさんの先輩方の多くが社会で生きていくうえの術をクラブ、サークル、体育会など課外活動の中で学んだと言います。したがって、勉強とのバランスを考える必要はありますが、課外活動が無駄などということは決してありません。

　　　　　　　　　　　　　　　　　　　　　　　　（回答者：大野　久）

一言アドバイス

部活動は、社会性、対人関係、組織運営などを学べるチャンス。おおいに参加しよう。

いじめについて悩んでいます。

中学時代3年間ずっといじめられてきました。そうなった原因については自分で特に思い当たることはありませんが、クラスの一部の男子から「ウザイ」とか「キモイ」とか言われ、仲間はずれにされ、ときには叩かれたり蹴られたりしました。クラスの他の人も見て見ぬふりで誰も助けてくれませんでした。先生に訴えたこともありますが、「いじめられる方も悪い」というようなことを言われて、何も助けてくれませんでした。いまだにトラウマになっていて、人間関係になじめません。本当に私が悪かったのでしょうか。 （女性◎16歳）

いじめは絶対にしてはいけない犯罪。

　まず初めに強調しておきたいことは、いじめは絶対にしてはいけない犯罪行為であるということです。暴力行為は暴行罪・傷害罪、物を隠す行為は窃盗であることはもちろんのこと、言葉で侮辱する行為も名誉棄損などの犯罪です。学校の外でやれば当然刑事事件になることなのに、学校の中だけは犯罪ではなく「いじめ」と呼ばれ、許されるということはあってはいけません。

　「いじめられる方にも悪いところがある」という論理も間違っています。人間にどんな苦手なコト、身体的条件、社会的条件があったとしても、いじめられてよいという論理には結びつきません。このことに加えて、この言葉はさらに大きな問題点を孕んでいます。それは、クラスで教員がこの言葉を

発した途端に、いじめる側の生徒たちが正当化され「ほーら見ろ、いじめられる方が悪いんだ」という論理に発展するからです。

人の究極的な生きていく動機づけは「意味への意志」であり、人生に意味を感ずることで人は生きていくことができるとドイツの精神医学者フランクルは述べています[1]。したがって学校の中で存在が否定され、教師でさえも助けてくれないような環境で生きていくことはできません。その結果、自ら死を選ぶ若者たちが現れることも必然なのです。考えなしに気分次第で「ウザイ、キモイ、お前なんかいなくなれ。死ね」などの発言は本当に相手を死に追い込み、どんなに償っても取り返しのつかないことになってしまいます。

いじめについて、国を挙げて取り組み、大きな効果をあげた事例があります。長年の研究を土台にした「いじめ防止プログラム」[2]が1983年から約2年間ノルウェーの28の小学校と14の中学校で実施され、その結果いじめが半分またはそれ以下に激減しました。この研究は、全国にわたる綿密ないじめの実態調査、生徒たちに対する無記名のいじめアンケート調査、学校でのいじめホットラインなどから始まり、学校全体からクラス単位までの大小様々ないじめへの取り組みに、教員、生徒、PTAが一体となって参加する大規模なものでした。この報告に書かれているすべてをそのまま実践することは難しいことですが、いじめに対する重要な知見や示唆に富んでいます。さらに、印象的なことは、「いじめをやめさせることができるのは教員や親など大人のみであり、大人たちがどれほど真剣にこの取り組みに参加するかが成功の可否にかかっている」と書かれていることです。

教員のみなさんにお願いしたいことは、いじめは絶対に許されないこと、学期初めには「このクラスでいじめは絶対に許しません」と宣言していただきたいこと、親御さんにお願いしたいことは、子供たちの中でいじめにつながるような差別や偏見を生み出すような発言は家庭内でぜひ避けていただきたいことです。「あの子と遊んではいけません」という親の発言が、心に刺さったとげとして長年取れないと書いてくる学生もいます。最後にいじめにあって苦しんでいる生徒さんたちには、いじめの相談を受け付ける相談窓口にぜひ救いを求め相談していただきたいと思います。　　（回答者：大野　久）

一言アドバイス　どんなことがあっても「いじめ」をしてはいけません。それを肝に銘じておきましょう。

障害をもっている人を見ると怖いと感じてしまいます。

学校の中に障害のある同級生がいるのですが、どうしても怖いと思ってしまいます。最近、社会見学で障害児施設に行ったのですが、そこに入所している知的障害の子供たちを見ても怖いと思ってしまいました。そう思ってはいけないとは思うのですが、感覚的に受け入れられないところがあります。そう思うあたしの感性が悪いのでしょうか。それとも仕方のないことなのでしょうか。またそう思ったとしてもどのように接していいか悩んでしまいます。　　　　　（女性◎14歳）

A 障害をもっている人も私たちの延長線上。

障害者の方が身近にいない場合、単純に見慣れないという理由から、違和感を強くもってしまい、怖いと思ってしまうこともあるかもしれません。しかし、障害について学ぶと、怖いという感覚そのものが偏見であることがわかります。

障害には、大きく分けて知的障害と身体障害がありますが、知的障害についてご説明しましょう。精神年齢（知能テストで測られる知能の発達の程度）を実際の年齢（暦年齢）で割り算して、100をかけた数値を知能指数（IQ）と呼びます。この値が70以下の場合、知的障害とされます。つまり、実際の年齢は10歳でも知能の発達が7歳以下の場合、知的障害と診断されます。たとえばIQ=60（軽度の知的障害）のお子さんは、実際には12歳（小学校6年生）でも、知能の程度は7歳（小学校2年生）程度ということになります。

見た感じは大きくても、考え方や行動などは、まだまだ小さな子供と同じです。したがって、外見で判断せず、その子の正確な情報を知ることによって、理解することや上手に関わることも可能になります。

次に、知的障害の原因の一つであるダウン症について紹介しましょう。ダウン症は本来2本の21番染色体が3本ある（トリソミー症）という遺伝上の突然変異によって発症します。親がもっている遺伝的な素質などとはまったく無関係に正常な分娩において1/650の確率で起きる現象です。したがって、ひとごとではない誰にでも起こりうる現象です。

障害の原因について理解するとともに、障害者に関する偏見についても考えてみましょう。いわゆる障害者と健常者の間には、はっきりした違いがあるのでしょうか。たとえば視力が弱くて眼鏡をかけている人は自らを障害者とは考えていませんが、眼鏡をかけていないときは、生活に大きな支障があります。眼鏡という補助具の支援を得て日常生活ができるわけです。このように、障害者と健常者の間には、はっきりとした区別があるわけではなく、その違いは程度の問題として存在しています。したがって、健常であると思っている人たちも人の助けを得て生きているのと同様に、知的障害、身体障害をもっている人も周りの支援があれば、日常生活での困難はずいぶん少なくなります。さらにパラリンピックなどを見ていると、障害者と呼ばれている方々も装具や器具の助けと本人の大変な努力によって健常者をはるかに超える運動能力を示します。障害はすでにハンディキャップではなく、一つの個性であるようにさえ思えます。

こうした方々との人間関係をもつために大切なことは、「私はいい人だからかわいそうな人たちのためにボランティアに来ました」といったヒロイズムで関わらないことです。こうしたヒロイズムは、上から目線であり、障害者を見下した態度です。日常生活の中で私たちは消しゴムを忘れて困っている友人に「かわいそうだから貸してあげる。私はいい人でしょう」などといった態度で消しゴムを貸すことはありません。「はい、どうぞ」「ありがとう」「どういたしまして。気にしなくていいよ」といった形でふるまっています。障害者の方たちともこうした関わり合いがもてることが期待されます。

（回答者：大野 久）

一言アドバイス

障害をもっていても人として変わりありません。特別意識せず当たり前に関わりましょう。

おすすめ図書

○桐島、部活やめるってよ

　朝井リョウ（著）　2010年　集英社（2012年、集英社文庫）【小説】

学校カーストの中での高校生たちの青春模様。常識になりつつある学校カーストの意味を根本から問い直す力作。

○ピンポン

　松本大洋（著）　1996〜1997年　小学館　【マンガ】

高校卓球部の青年群像。成功と挫折、才能と努力、青春の喜びと悲しみ。卓球を通じて葛藤する青春がすがすがしい作品。I can fly!

○大学生 学びのハンドブック（3訂版）

　世界思想社編集部（編）　2015年　世界思想社

大学での学びに必要なスタディ・スキルや PC スキル、知っておくべき基礎知識について、具体例を示しながらわかりやすく紹介。

○大学生の学び・入門：大学での勉強は役に立つ！

　溝上慎一（著）　2006年　有斐閣アルマ

大学での学びは高校までの勉強とどう違うのか。大学での学びのあり方を、認識と行動に分けて具体的に説明。

○アメリカの大学生が学んでいる「伝え方」の教科書

　ルーカス, S. E.（著）狩野みき（監訳）　2016年　SB クリエイティブ

1300 以上のアメリカの大学で教科書となっている本です。知識習得だけでなく、資質・能力も育てる現代的学びとして役立ててください。

○競争やめたら学力世界一：フィンランド教育の成功

　福田誠治（著）　2006年　朝日新聞出版

国際学力調査でトップクラスの成績を上げたフィンランド教育の本質に迫る一冊。競争ばかりの日本との考え方の違いが注目されます。

○いじめ こうすれば防げる：ノルウェーにおける成功例

　オルウェーズ, D.（著）松井賚夫・角山 剛・都築幸恵（訳）1995年　川島書店

国全体でいじめ撲滅に取り組んだノルウェーの実践記録。実際に 2 年間でいじめを半減させた取り組みに感銘を受けます。先生方、必読。

5章 友人関係

親友かどうか確かめたいけど、どうしたらいいですか？

すごく仲の良い友達がいます。カッコいいし、とてもいいやつです。僕は彼のことを親友だと思っているのですが、彼が僕のことを親友と思ってくれているかどうかはわからないので、そのことが気になっています。相手が親友かどうかを確かめる方法はありますか？

（男性◎15歳）

A 客観的に確かめるよりも自分で信じることの方が確かです。

あなたは、その友達のことを親友だと思っているのですよね？ 親友だと思っている相手には、自分のことも親友だと言ってほしい。そうでなければ、自分と相手が親友の関係だとは言えないことになる、そう思って気にしているのではないでしょうか。

恋愛の場合は、告白して始まる場合も多いですし、誕生日に優先的に会えること、キス、プレゼントされた指輪などによって、恋人なのか友達なのかの線引きができそうです。また、血縁関係にある親子関係・家族関係の場合は、遺伝子レベルで関係性を科学的・客観的に確認することもできます。それらに比べて親友との関係はあまり明確ではありません。

そもそも親友とは何でしょう。どういう相手が親友なのでしょうか。おそらく、親友という相手の重要な要件は、「他の仲間と区別される友人」[1]、つまり特別な友達ということです。自分の友達を10人親しい程度の順に並べたときの第一位の人、ではないでしょうか。相対的に比べて第一位の人ではな

く、他の友達とは次元の違う絶対的な位置にいる特別な友達が親友ということです。だからこそ、みなさんも（そして私もでしたが）、自分には親友がいるのかどうかが気になるのだと思います。ネットで検索してみるとわかりますが、英語のサイトでも、Are you best friends? とか How many best friends do you have? について書かれたサイトがすぐに見つかります。親友がいるかどうかは、誰にとっても気になる問いみたいです。

　親友の何がどう特別なのかについては、いろいろあるでしょう。お互いに心を許し合える、認め合える、尊敬できる点がある、などがあげられます。この相手になら耳の痛い批判をされても素直に聞くことができる、ストレートに正直な意見を言ってもいい、などもあるかもしれません（あんたのそういうところ良くないよ、とか）。小説の中であれば太宰治の『走れメロス』に出てくるメロスと親友の関係は、古い言葉ですが、刎頸の友です。その友人のためなら首をはねられても後悔しないほどの親しい交わりの友達という意味です。こんな友達は何人ももてません。一人で十分です。

　恋人と親友の違いは、親友に対しては100% 相手の側に立って相手を尊重することができることです。たとえば、恋人が高校を中退してユーチューバーになると言ったとき、恋人に対して「それもいいね」と言える人は少ないでしょうが、親友が言う場合であれば、「あんたがそうしたいなら応援するよ」と言いやすいということです。恋人には「あたしはどうなるの？」と言いたくなりますが、親友にはそういう気持ちは起こらないでしょう。自分との利害関係を考慮しないで相手を受け入れ、相手を尊重できるところが、恋人と親友の違いです。恋人よりも親友の方が味方になりやすい、恋愛よりも友情の方が無私につきあえる関係になれるということです。

　自分を尊重し味方になってくれる親友がいたら、きっと心強いでしょう。自分には親友がいると思えることは、もうそれだけで心の財産です。ここでは“思える”と書きました。親友セリヌンティウスがメロスを信じたように、あなたも親友を信じてみればよいと思います。親友に答えを求めるのではなく、あなたが答えを出すということです。100の証拠を探すよりもあなたが親友を信じることの方が確かだと思います。　　　　（回答者：佐藤有耕）

一言アドバイス

告白すること、相手の気持ちを確かめることより、先にやることがあるでしょう？

女子のグループ行動が面倒です。

学校では、いちいちグループで行動しなければいけないのが面倒です。どうして女子は一人で行動できないのでしょうか。　（女性◎16歳）

A 女子にグループはつきもの。

　友達との関係って、いいものだけれど面倒なところもあります。特に新学期のクラスでの友達づくりは、誰もが緊張します。クラスの人数は、自分の友達というには規模が大きすぎるので、もう少し身近な友達がほしくなります。そうしてクラスの中にグループ、ある程度固定的な特定の仲間関係ができていきます。

　教室の中に、自分はここにいればいいと思える仲間関係があって、仲間からもあなたはここのメンバーなのだと認められていれば安心です。自分のグループがあるということは、クラスの中に居場所があるということです。いつもグループで一緒にいれば、他のグループの人からも、○○ちゃんはあのグループの人ね、とわかってもらえます。これがグループでいることのプラスの面です。グループがないと、授業中はともかく、昼休みや放課後などの自由時間に「間」がもたない[2]と言われています。

　しかし、グループにはマイナスの面もあり、女子の問題として古くから取り上げられてきました。たとえ親友がいても、クラスの中に一緒に行動してくれる相手がいないのは女子高ではさびしいこととされてきました[3]。さらに、女子のグループはクラスがある間だけの期間限定の関係になりやすいと見ら

れていました。グループで行動する理由も、一人ぼっちだと見られたくないとか友達づきあいが悪いと思われたくないとか、人にどう見られているかを気にするためだと指摘されていたのです[4]。

　グループという固定的な仲間関係が女子においてより重要になるのは、友人関係の男女差によると考えられます。男子は友達と一緒に遊ぶことで仲良くなっていきます。遊びを共有できる関係が友達です。一方女子は友達と一緒におしゃべりすることで仲良くなっていきます。気持ちを打ち明け合い、気持ちが通じることで相手との距離が縮まります。悩みや秘密を分かち合えればなおさらです。一時的な遊びではなく、継続的なつながりを共有できる相手が女子の世界の友達です。スポーツやゲームなら遊ぶたびに人が変わっても困りませんが、自分の気持ちを語るにはいつもの仲間の方がいいでしょう。気持ちを分かち合え、うなずき合えるいつもの仲間との一体感が安心で楽しいのです。一体感を維持するためには、相手の話に同じように反応し、互いの役割も固定されていて、メンバーの異動もない方が安心です。グループ内に変動がないことが望ましいわけです。そのため、おのずとグループの外に対しては排他的になります。他のグループとの交流は少ない方が良いですし、よそものの参入も歓迎されません。閉鎖的になって内輪で固まり、いつもの関係を維持しようと内向きに密着していきます。いつも一緒に行動することを求められたり、違うグループの人との交流をとがめられたり、グループ内の意見に同意するのは当然という雰囲気ができあがり、お互いを縛りつけるような傾向が現れてきます。こうなると、一体感は拘束感として感じられ、同意し合う楽しさは義務感や保身のための同調に変わります。グループがきついという状態です。楽しくありません。

　友人関係の本質は、友達は何人いても良いということです。制限や制約をかけないのが友人です。友達を縛ることは良くありません。他の人とは友達にならないで、と言われるのが一番困ります。グループという居場所を確保したうえで、一人ひとりが外に友人関係を広げていくことを認めたら、一緒にもいられるし、別行動もとれる緩やかで居心地の良いグループになるはずです。広がることは絆が薄まることではありません。　　（回答者：佐藤有耕）

一言アドバイス

学校で一人になる危険を避けるために、2人ペアが合体して4人グループをつくったりします。

ノリがよくてウケることが言えなきゃダメですか?

友達と一緒にいるとき、自分ひとりウケることやみんなを笑わせる面白いことがなかなか言えません。自分は友達とうまくやれないような気がしてなりませんが、そのせいでしょうか。　　　　　　（男性◎21歳）

A 自分にとって居心地の良い関わり方を見つけましょう。

　これまでの研究で、現代の若者の友達づきあいは次のような3パターンに分けられることがわかってきました。「1. 関係の希薄さ（対人関係からの退却）」「2. 見かけのノリのよさ（群れ）」「3. やさしさ（傷つけられる・傷つけることへの恐れ）」です[5]。1番目のパターンは、友達と心理的に距離をとってしまうもので、人と関わるよりも「物」との関係の方が楽だと感じたり、友達との関係が深まることが怖いと感じたりするパターンもこれに含まれます。2番目のパターンは、ご質問の通り、ウケること、面白さが中心で、みんなでいつも一緒に盛り上がるようなパターンです。3番目は、人から傷つけられたり、傷つけたりすることを気にしているパターンです。逆に言えば、若者の友達とのつきあい方は一つの型には収まらず、人によってまた場面や場合によってそれぞれ違った特徴があるということです。「ウケること、みんなを笑わせることが言える」というのは「見かけのノリのよさ（群れ）」に当てはまるものかもしれませんが、それも若者の友達関係の「一つ」の型でしかないということです。またこうした特徴に当てはまらず、お互いに心の内側をさらけだし、心のふれ合いを求めるようなつきあい方をする若

者も決して少数派ではありません。さらに、みんなを笑わせて面白いことを言っている人も、心から「うまくやれている」のでしょうか？　つまらない人間だと思われたくない、場の空気が読めない人間だと思われたくないなど、周りの目を気にして無理に面白いようにふるまうことで、自分の本心がわからなくなってしまうことがあるかもしれません。

　友達がいない人だと思われたくないために、たいして親しくもない友達を無理に食事に誘ったり、一人で食事をするところを人に見られないようトイレなどで隠れて食事をしたりする「ランチメイト症候群」と呼ばれる若者が話題になっています。そうした傾向が高い人はそうでない人に比べて、人目を気にしやすく、他人の視線に映る自分に意識を向けやすいことが、最近の研究でわかってきています。

　欧米的な価値観に基づいた人間像やつきあい方がもてはやされ、社交的で誰とでもすぐ仲良くなれる「外向的」な人間ばかりが「コミュニケーション能力」の高い理想的な人間として評価されがちな風潮が、今の時代にはあります。逆に、物静かな人、多くの人とにぎやかに過ごすのを好まない人（内向型の人）は、否定的な評価をされてしまいがちです。特に経済界などからは、世界を相手に誰とでもコミュニケーションが円滑にとれビジネス交渉ができる人材を求める声が日増しに強まっており、教育界でもそれに応える形で「教育改革」が進められています。若い人たちも知らず知らずのうちに、そうしたビジネス中心の価値観を当然のものとして自分の中に取り込んでいるのかもしれません。しかし、外向型人間に高い価値を置くことでは本家のアメリカでさえ、自分が内向的であることを隠して外向的な姿を演じ続けることに疲れる人が出てきており、静かにものごとをじっくり考える内向的な人への再評価の流れが出てきているそうです[6]。

　世の中はいろいろな特徴をもつ人で成り立っています。ノリがよくて面白いことを言える人もいれば、きまじめで冗談を言わない人、物静かな人、人づきあいに消極的な人もいるでしょう。きっとあなた自身にとって居心地の良い関わり方があるはずです。

(回答者：岡田 努)

一言アドバイス

自分にとって居心地の良い、自分に合ったつきあい方をすればよいでしょう。

キャラは何のために あるのでしょうか?

私は、大学1年生でテニスサークルに入っています。そのサークルは週に2回くらい練習があるような割とゆるいサークルです。最近、そこでの友達の中で、自分がいじられキャラとして定着してきていて、友達は何かあるとすぐに自分をからかってきます。初めのうちは気にならなかったのですが、だんだんと「めんどうくさいな」と感じるようになりました。ときには度が過ぎるのではないかと思うときもありますし、いい気分はしません。どうして私は、いじられキャラなんかになってしまったのでしょうか。そもそも、何のために「キャラ」というものが存在するのでしょうか。　　　　　　　　　　　　　　（男性◎18歳）

A キャラは一種の コミュニケーションツール。

あなたは、サークル内の友人関係において、「いじられ」キャラとして繰り返し扱われることに、違和感や不信感を抱き始めているのですね。キャラがあることにはどのような意味があるのでしょうか。ここでは、キャラがあることのメリットについて、以下の3点を取り上げます。①人間関係の単純化：キャラを用いることで、複雑な友人関係を、単純なキャラ同士の関係として捉えることができ、友人関係の構図がわかりやすくなります。②享楽的なコミュニケーションの促進：キャラがあることで、定番の笑いが生まれるようになり、友人同士が楽しく過ごせるようになります。③居場所の獲得：固定的なキャラをもった人は友人関係の中で、なくてはならない存

在になります[7]。実際に、キャラがある人はない人よりも、友人関係の中で自分が必要とされているという感覚が強いことがデータで示されています。

以上からわかる通り、あなたの友人は、あなたのことが嫌いだからではなく、あなたをからかうと簡単に笑いがとれて場が持つと思っているから、あなたをいじられキャラとして扱うのでしょう。このように、キャラをあなたの人格を否定するものとしてではなく、一種の「コミュニケーションツール」として捉え直してみるのも、一つの考え方だと思います。

他方で、あなたが実感しているように、キャラがあることにはデメリットも存在します。以下に3点を紹介します。①人間関係の表面化：キャラによって人を一面的に捉えてしまい、キャラ以外の特徴が無視されることで、結果的に相互理解が進まなくなってしまいます。②言動の制限：キャラ的関係を維持するために、常にキャラに合った言動をとらなければならなくなり、徐々に息苦しさを感じるようになります。③キャラの固定化：常に「いじる」人対「いじられる」人という力関係が生まれ、対等な関係を築きにくくなります。

以上のように、キャラは友人と仲良くなる初期の段階では役に立ったとしても、深い関係になる段階では逆に足枷になる場合が多いと思います。そこで、キャラでは説明できない等身大の自分を、友人に知ってもらうように工夫してみてはいかがでしょうか。もしキャラに沿わない行動が許されないような関係であれば、そこから離れるのも一つの方法です。あなたをありのままに受け入れてくれる友人、尊重し合える友人を探しましょう。

最後に、キャラの有無についての研究を紹介します。調査の結果、約57%の大学生が、友達から「〜キャラ」で呼ばれていると回答しています[8]。さらに、キャラがある人の中で、キャラがあることのデメリットを感じている程度は、平均3.14点（1. 全くあてはまらない〜5. よくあてはまるの5段階評定）と、決して低くない値が得られています。つまり、キャラに対して違和感や不信感を抱いている人は少なくないということです。同じような悩みをもった人と話してみて、どのようにその違和感に対処しているのか、尋ねてみるのも解決への手がかりになるでしょう。　（回答者：千島雄太）

一言アドバイス

いじられキャラとしてのあなたではなく、等身大のあなたを受け入れてくれる友人をつくろう。

昔は今より友人関係が濃密だったのですか？

今の若者の友人関係は希薄だとか表面的だとか批判されるのに納得できません。昔の友人関係とどこが違うというのですか？

（男性◎21歳）

A 古き良き時代の思い出かもしれません。

　昔の友人関係がどうだったのかを知るために、今の大人たちが若者だった頃＝1980年代後半以後の友達づきあいについての意識を見てみましょう。図1をご覧ください。「楽しい雰囲気になるようにふるまう」「ウケるようなことをする」といった表面的なつきあい方は1989年から2000年代半ばにかけてあまり大きく変わっていませんね。今の若者の友人関係が希薄だと批判している大人たちも、自分が若者だった頃は同じような友達づきあいをしていたのかもしれません。

　さらに、今の若者の友達づきあいが本当に希薄なのかについても、研究者の間で見解は必ずしも一致していません。社会学者からは、若者の友人関係は、希薄化したのではなく、場面によって相手を切り替えるようになったという主張もあります[9]。現代の若者はいつも同じ相手とあらゆる場面で一緒につきあうのではなく、自分の生活の様々なシーンで違う相手とつきあう器用さを身につけたのだということです。そしてその相手によって、自分自身についても様々な居方を切り替えることができるようになったというわけです。

友人関係 5章

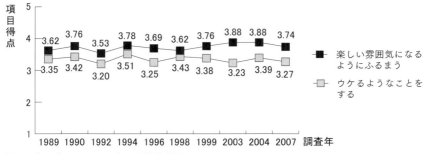

図1　表面的なつきあい方の時代的変遷
（出典：岡田努 (2016)「青年期の友人関係における現代性とは何か」『発達心理学研究』27, pp. 346-356.）

　また、私の研究では、少数の友達と深い関わりをもつ若者も一定数いること、友達との深い関わりを避ける若者と、表面的に楽しくつきあうことを求める若者は別のグループであり、同じ若者が両方の特徴をもっているとは必ずしも言えないことがわかってきました[5]。このように「今の若者の友人関係はこうだ」と一概に言い切ることはできないのです。

　大事なのは、自分自身がどのように友達と関わっているか、なのかもしれません。

　図1のデータについて言えば、1989年以前については残念ながら同じようなデータはありません。そのため以前はもっと濃密なつきあいをしていたのか、それとも今とあまり違いがないのかを正確に知ることはできませんが、次のようなことは言えるでしょう。人間はしばしば自分の過去の記憶を再編し組み替えてしまうものです。よって大人たちも、自分たちが若かった頃を美化したうえで、その枠組みから、今の若者を批判してしまいがちです。だとすれば「自分たちが若かった頃はもっと濃密な友達関係があった」という美化された思い出に従って、今の若者を見ている可能性は否定できません。

　「青年期はこうあるものだ」という先入観の多くが科学的根拠のない「物語」にすぎないという指摘もあります[10]。残念ながら研究者たちもそういう色眼鏡（専門用語でステレオタイプと呼びます）から完全に自由ではありません。いつの時代でも、若者は上の世代から批判の的になりやすいものです。しかし、データや言説を冷静に見直し、何が思い込みで、何が本当の若者の姿なのかを見分けることがとても重要です。　　　　　（回答者：岡田 努）

一言アドバイス　昔のつきあいが今より濃密だったという確かな証拠はありません。

友達に嫌われたのではといつも心配です。

私には、学校でいつも一緒に過ごしている友達がいます。ふだんは、好きなドラマやファッションの話などで盛り上がっています。でも、進路や家族のことなどの悩みは、相手の重荷になってしまいそうでなかなか話せません。一緒にいると楽しいし、仲は良いと思っているのですが、お互いに本音を言うわけではなく、どこまで相手を信じられるのか不安になることもあります。そのせいで、友達のちょっとした言葉や表情や態度が気になってしまいます。相手が不機嫌なときには、自分が言った言葉や態度が悪かったのではないか、そのせいで自分が嫌われたのではないかと、とても心配になります。どうしたらこの不安から抜け出せるでしょうか。

（女性◎17歳）

A 自分自身を見失わずに相手との関係を築いていきましょう。

青年期には、特定の重要な他者との間で独自の親密な関係を築くようになります。これは児童期までの、庇護され依存の対象であった親子関係から抜け出し、自己の独自な価値や意思を身につけるうえでも重要です。アイデンティティという概念を提唱したエリクソンは、親密性を「アイデンティティに付随し、融合するものである」と述べています[11]。つまり親密な関係には、アイデンティティの確立が不可欠だといえます。自分とは何かが不明瞭な状態で他者との親密さを得ようとすると、自分と相手との境界がわからなくなるような不安や、相手に飲み込まれるような不安がついて回りま

す。相手の顔色を気にしてしまうのは、相手に飲み込まれて、自分が一体化してしまっている状態でもあります。親密な関係とは、自分も相手も独自な価値をもつ存在であるという、主体性の確立と表裏をなしています。実存哲学者であるブーバーは『我と汝・対話』という本の中で、親密な関係とは根源的な隔たりをもちながら、全人格的に結びつき、信頼のもとに築かれる能動的な関係だと論じています[12]。つまりどんなに仲が良かろうとも、相手を絶対的な他者存在であることを認めたうえで、あれこれと自分に引き寄せて考えることなく、関係の中に自分を投げ入れてみることが必要だといえるでしょう。しかし、青年期はアイデンティティの模索の途上にあるわけですから、自身の独自性や主体性といった確信を得る段階にはないわけです。これがこの時期の友人関係の難しさの原因です。

　また、親密な関係は、お互いにとって心地良い心理的距離を伴うものですが、人間関係は常に同じ距離感でとどまっているものではありません。相手と近づいて親しくなればなるほど、暖かな関係だけでなく、葛藤や摩擦も生じて傷つけ合うこともあります。かといって、相手から距離をとって関係を断ってしまえば楽にはなりますが、寂しさがつきまといます。相手との適度な距離を求めると、近づきたいけれど離れたくない、という力動（ヤマアラシ・ジレンマ）が生まれます。ただ、現代では実際に近づいて傷つけ合ったり、離れて寂しい思いをする前に、自分の中で適度な距離を先に設定してしまい、それ以上に近づきすぎたり離れすぎたりしない、という自己内でのジレンマに変わってきています[13]。このジレンマが生じると、「周囲からどのように思われているのか」「嫌われたくない」といった他者からの評価懸念も作用して、親密な関係を結ぶうえでの悪循環を生み出してしまいます。傷つくまいとすればするほど、相手の顔色に敏感になってしまうのです。

　こうした心理は、現代青年の多くが感じているものだということがわかっています。案外、相手もあなたと同じような思いを抱えているかもしれません。自分の中にある友達のイメージではなく、現実の相手との対話を重ねていくようにしてください。そして、互いの違いを認め合うことで、関係は深まっていくはずです。

（回答者：藤井恭子）

一言アドバイス

関係は常に揺れ動くもの。イメージではなく、現実の相手との関係に自分を投げ入れてみましょう。

異性との友情は成立しないのでしょうか？

僕には今、大切な友人がいます。その人は女性（異性）なのですが、二人だけでお酒を飲みに行ったりしますし、就職のことなど深刻な悩みも相談し合っています。僕にとっては、同性の親友と同じくらい大切な友人の一人なのですが、周りの人からは「恋人なの？」「つきあえば？」と冷やかされることもあります。異性の人と、恋愛としてではなく、友人としてつきあっていくことはできないのでしょうか。

（男性◎21歳）

A 大切なのは男性の心がけです。

青年にとって、友人という存在は、自分の興味・関心を広げてくれたり、悩みや不安を共有・共感し、支え合ったりするなど、重要な対人関係です。そのような友人について、「同性も異性も関係ない」「異性の友人は必要」という考え方もある一方、「異性とは真の友情を育めない」「異性とは親友にはなれない」という考え方もあり、こちらの方が優勢なようです。

たとえば、ある調査では、大学生男子の85.4％、女子の92.2％が異性の友人は必要であると回答しており、男子の56.7％、女子の67.5％は異性の友人との間に友情は成立すると答えています[14]。一方、同じ調査では、大学生男子の62.5％、女子の40.3％は同性友人との友情と異性友人との友情には違いがあると回答し、男子の60.2％、女子の31.2％が異性友人と接するときに、異性として意識して話すと回答しています。このように、異性友人

の必要性は男女ともに多くが認めていますが、実際に同性の友人と同じように関われているかというとそうではなさそうです。特に男性は、異性の友人と接するとき、女性が異性の友人と接するとき以上に、異性であることを強く意識しているようです。

この男女の違いは、同性友人・異性友人・恋人とを比較することによってさらに明らかになります。異性友人に対する自己呈示（自分をどう見せるか）と恋人に対する自己呈示を比較した結果、大学生女子は、異性友人よりも恋人に対して、自分の外見を魅力的に見せたいと思っていますが、男子では、恋人に対しても異性友人に対しても同じくらい自分の外見を魅力的に見せたいと思っていることがわかっています[15]。また、私の行った調査では、大学生が同性友人・異性友人・恋人に対してそれぞれ何を期待するかを比較しています[16]。その結果、女子では「外見的魅力」について、同性友人や異性友人よりも恋人に強く期待しているのに対して、男子では、異性友人と恋人に対して同じくらい「外見的魅力」を期待していることがわかりました。

これらの結果からいえることは、同性友人・異性友人・恋人の分け方が男女で異なるということです。女性は、この三者を、友人か恋人かで分けています。ですから、一度「友人」という枠組みに入ったら、それが異性であっても、そう簡単には恋愛対象・恋人候補にはなりません。一方、男性は、同性か異性かで分けています。つまり、異性友人と恋人は同じ「異性」という枠組みに入れられます。そのため、ちょっとしたきっかけがあると、友人としてつきあっていた女性に対して、恋愛感情や性的欲求をもつことがあるのです。

このように、異性と友人としてつきあっていけるかどうかは、女性よりも、男性の方にかかっているといえます。男性が下心を出したり、周囲の声に惑わされて異性として意識したりせずに、一人の人として真摯につきあっていくことができれば、異性であっても、友人としてつきあっていくことはできるかもしれません。

（回答者：髙坂康雅）

おすすめ図書

○あなたに友だちがいない理由
笠原真澄（著）　2000年　新潮OH!文庫
友達がいない理由は、傷つきたくない、嫌われたくない、バカにされたくない、迷惑をかけたくないという４つの心理だと喝破した一冊。

○スラムダンクな友情論
齋藤 孝（著）　2002年　文春文庫
著者は『巨人の星』と『あしたのジョー』を通して友情という関係を学んだのだそうです。現代の友情論として読みやすい一冊です。

○友だちは無駄である
佐野洋子（著）　1988年　筑摩書房
著者の幼少期から大人になったあとまでの友人関係が語られています。「友情とは年月のことである」という言葉に重みが感じられる一冊です。

○君の膵臓をたべたい
住野よる（原作）月川 翔（監督）　2017年　東宝　【映画】
ヒロインと"僕"は恋愛関係になる前に死別しますが、「君になりたい」と表現された100%のリスペクトを向け合った、特別な二者関係でした。キョウコさんが親友なら"僕"は何？

○女の子ものがたり
西原理恵子（著）　2005年　小学館　【マンガ】
大親友が大っ嫌いだったり、友達に親友が欲しいと相談したり、いろいろなエピソードから大切な友だちって何？　と考えさせてくれる一冊。

○黄色い目の魚
佐藤多佳子（著）　2005年　新潮文庫　【小説】
「絵」に対する想いを共有することで結びついた２人の物語に、女子の友人関係、男子の友人関係を織り交ぜて描く珠玉の一冊。

○タイタンの妖女
ヴォネガット, K. Jr.（著）浅倉久志（訳）　1977年　ハヤカワ文庫　【小説】
アンクとビアトリス、サロとコンスタント、親密な二者関係がいくつも描かれた一冊。相棒ストーニイの存在は、親友の理想像にも思えます。

6章
SNS・ゲーム

ゲームにハマってしまい、他のことが手につきません。

昨日、成績が落ちてしまい父に怒られました。実は半年ほど前から、あるゲームのことが気になって、勉強もなかなか手につかないのです。そのゲームは中世を模した都市を運営し、みんなで協力して敵と戦い、領土を拡大していくというものです。何気なく始めたゲームなのですが、世界中の仲間と共同して攻略作戦をしますし、交易や外交なども面白く、一日中そのことが気になってしまいます。どうしたらよいでしょうか。

（男性◎16歳）

 ハマるようにできている。

ゲームといっても、様々なものがあります。一人でカードゲームを楽しむこともできますし、将棋や囲碁、オセロといった対戦を楽しむもの、ボードゲームや双六のように数人で楽しめるものなど、人数もゲームの内容も幅が広いですね。しかし、その基本的な構造には共通点があります。それは、課題をうまくこなすことで報酬を得るというものです。その報酬には、人に勝つことやポイントを得ること、できそうでできなかった課題をクリアすることによる達成感など、これも幅広く存在します。

あなたがハマってしまっているゲームは、世界中の人々がインターネットを介して参加することができるオンラインのシミュレーションゲームです。このようなゲームの特徴の一つは、課題をクリアするために非常に多くの時間がかかることです。敵の領土にたどり着くまでに数時間かかる、ある装備

を生産するのに数日かかるなど、課題を達成するには前もって計画を立て、ゲームの中で一定の時間を過ごさなくてはなりません。

　また、そのような長い時間をかけることを避ける代わりに、料金を支払うシステムが採用されている場合もあります。面倒な課題や時間の節約、手に入りにくいアイテムの取得などを、金銭を支払うことで即座に終了させるというやり方です。あなたはいかがでしょうか。アプリに課金をしてゲームを進めてはいないでしょうか。

　さて、このようなゲームにハマってしまうのは、ある意味で致し方ないことです。ゲームのつくり手は、どのような仕掛けを施せばプレイヤーがゲームから離れにくくなるのか、また再びゲームに戻ってくるのか、十分に理解をしたうえで作成しているのです。知識が豊富なプロフェッショナルであるのはゲームのプレイヤーの方ではなく、制作者の側なのです。ゲーム制作者がプレイヤーをゲームに病みつきにさせることなど、それほど難しいことではないのだということを理解しておく必要があります。

　このことは、ゲームにハマってしまう子供たちに苦言を呈するであろう大人の側も理解しておかなければなりません。子供たちがゲームから抜け出せないのは意志の力が弱いからではなく、そもそもゲームの構造が依存性の高いものであるからなのです。それは、大人が頭では理解しているのにパチンコや競馬をやめられない、タバコやお酒をやめられないことと同じなのです。

　さて、このような状態から抜け出す一つの方法は、「似ているけれども違う活動を見つけること」だと思います。たとえば最近は、ゲームの構造を勉強や生活に持ち込むアプリもあります。実生活の中で課題をクリアすることでアバターがアイテムを得たり成長したりする、英語の勉強を毎日繰り返す様子が友人と共有され励みになる、数学の問題をクリアするとポイントが貯まり別のゲームで使うことができるなど、より生産的な「ゲーム類似構造」をもつアプリが多数あります。あるいは、ゲームをつくりながらプログラミングを学ぶ教材に取り組んでみるというのはどうでしょう。

　ゲームを制限する前に、まずはそこへと時間を過ごす場所を移してみてはどうでしょうか。

（回答者：小塩真司）

一言アドバイス　生活の中でゲームに似た活動を見つけてみてはどうでしょうか。

即レスは必要ですか？

クラスメイトや部活の仲間とはSNSで連絡をとり合っています。明日の時間割のことや友人のこと、先生のこと、部活動の試合でどこが集合場所なのか、そういったことはすべてSNSでのやりとりですね。ただ、メッセージが来るとすぐに返事を返さないといけないので、それが面倒です。自分も相手にメッセージを送って、なかなか返事が返ってこないと不安になったり、ついイライラしたりしてしまいます。

（女性◎15歳）

A 即レスしない原因を考えてみる。

英語で人が配達する郵便のことを"snail mail"と言います。"snail"とは「カタツムリ」のことですね。カタツムリのようにゆっくりと到着するメールというわけです。では、人が手紙などを配達する郵便に対するものは何なのでしょうか。それは"e-mail"（電子メール）です。ここで「おや？」と思うのではないでしょうか。なぜなら、おそらく相談者の感覚からすると、電子メールは「そんなに速くない」と思うだろうからです。ほぼリアルタイムで相手がメッセージを読んだかどうかがわかるSNSに比べれば、電子メールは「遅い」ツールですよね。

おそらく、パソコンを使いこなしている私の中学生の娘に「電子メール」と言っても「どれのこと？」と疑問に思ってしまい、どのシステムのことであるかがよくわからないのではないかと思います。メールクライアントでメ

SNS・ゲーム **6**章

ールを書き、相手に送信し、いつ相手が読むのか、相手が読んだかどうかもわからず、届いたかどうかも定かではない電子メールというシステムは、よりリアルタイムなシステムへと移行しています。

このような時間のかかるやりとりから「よりリアルタイムなやりとりへ」という全体的な変化は、電子デバイスの発展に不可欠な要素の一つであると考えられます。それは、人間関係上の連絡や仕事上のやりとりをより効率的なものにし、時間も空間も金銭面でも効率的なものにしています。その点で、社会にとっては非常に大きな意義のある変化です。

しかしその一方で、このような常にリアルタイムのやりとりは、人間に休む時間を与えてくれません。現実の対人関係では、その人と対面する必要のない時間をつくることができます。さりげなく席を外してもいいですし、その人以外の別の人と話をしても構いません。電子メールであればまだ、相手は送ったメールを読んだかどうかが定かではありませんので、返事を後回しにしたり、返事の文面をじっくりと考えたりすることもできます。

相手がメッセージを読んだかどうかがわかってしまうSNSの場合には、読んだことがわかってしまうがゆえに「読んだのにいつ返事をしてくれるのだろう」という期待や疑い、「読んですぐ返事をよこさないということは、何か私のメッセージが悪かったのだろうか」などと勘ぐる気持ちへと結びつきやすい状況を生み出します。そして、お互いにすぐに返事をすることへの圧力が高まっていってしまうのです。

「スポットライト効果」という言葉があります。自分の行動がみんなから注目されているにちがいないと思い込むことです。でも実は、自分が思っているほど他の人は気にしてはいないのです。誰しも気にするのは自分のことばかりで、人のことはそれほど注目していないからです。ですから、そんなに急いで返事をしなくても意外と相手は不快に思っていないものです。

問題は、即レスが返ってこないとき、何に原因を求めるかにあるのかもしれません。そこで「きっと忙しいんだな」と考えることができれば、自分も忙しかったり気が乗らなかったりするときに急いで返事をしなくても気楽に構えられるのではないでしょうか。

(回答者：小塩真司)

一言アドバイス 即レス不安は、返信が来ない原因を複数考えてみると気が楽になります。

匿名で悪口を書いてしまい、後悔しています。

決して、相手をおとしめようと思ったわけではないのです。冗談半分でつい、クラスメイトの言動を面白おかしく匿名でSNSに書いただけなのです。フォロワーに面白がってもらえるかな、と思ったのです。でも結局、その話が広まってしまったことで、話の出所が私のSNSだということが友人にわかってしまいました。それ以来、友人と会話を交わしていません。私はいったいどうしたら良いのでしょうか。

（男性◎17歳）

A 匿名にはならないことを知っておきましょう。

匿名でインターネット上の掲示板に書き込んだり匿名でSNSに書き込んだりする行為は、いまや特に珍しい行為ではなく日常の一部になっています。積極的に書き込むことはなくても、日々大量に流れる書き込み内容や、それらをまとめたサイトを読むことを楽しみにしている人も大勢いることでしょう。

ところで「匿名」について、どのように考えているでしょうか。自分の名前さえ明かさなければ、誰がその内容を書き込んだのか、誰にもわからないのでしょうか。あなたがパソコンからでもスマホからでもゲーム端末からでもインターネットに接続してwebサイトにアクセスすると、ページを見ている人の情報がwebサイト側に自動的に送られます。その中身は、アクセスしたIPアドレス（見ている側の住所のようなものです）、使っている機器

スした IP アドレス（見ている側の住所のようなものです）、使っている機器の OS やブラウザ情報（使っているソフトウェアの情報です）、ときにどこからアクセスしているかも含まれています。これらの情報から、いくら匿名で掲示板や SNS に書き込んだとしても、誰が書き込んだかを割り出すことができます。通常これらの情報は表に出てくることはありません。しかし、掲示板や SNS を設置している側には情報が保存されていますので、その情報開示を請求すれば明らかになる場合があります。

　それ以外にも、SNS の場合には過去の書き込みをさかのぼっていくと、書き込んだ人がどのあたりに住んでいて、何月何日の何時頃にどこにいて、どの学校に通っているのかなどは推測できてしまうものなのです。また、匿名の相手が誰かを知ったうえでフォローする関係になることもあるはずです。SNS は書き込めば書き込むほど、誰が書き込んだのかを特定する精度が上がっていくような性質をもっています。したがって、匿名で書き込んでいるから、自分が誰なのかを特定されることはないと考えるのは誤りです。

　しかしだからといって、SNS を使用しない方がよいとは思いません。SNS は、多くの人が互いに情報を提供することによって、有意義な情報のやりとりを可能にするものです。情報を得るだけではなく、自分が知っている情報を提供することで誰かが得をする、そのようなギブ・アンド・テイクに価値があるのです。世界中の多くの人が利用しているツールなのですから、有意義に使うことができればよいのは間違いありません。

　さて、実際の対人関係においても、SNS 上の対人関係においても、誤りがあった場合にはそれを認め、真摯に謝罪すべきであるという点は同じことです。その友人と話をするのは気まずいかもしれませんが、自分が間違ったことをしたと思っているのであれば、そこに至った経緯と思っていることをどのような手段でもよいので相手に伝えましょう。

　そして、このような経験をしたことから SNS 上でのふるまい方を学ぶことも重要なことです。書き込むときには一呼吸置くこと、ここで書き込んだことで何が起きるかを数秒でよいので思い浮かべること、そのような対処ができるようになれば、より SNS や掲示板への書き込みを楽しむことができるようになるはずです。

（回答者：小塩真司）

一言アドバイス　失敗からオンラインでのふるまい方を学んでいきましょう。

SNSに疲れることがあります。

主にFacebookとInstagramを楽しんでいます。高校時代の友人やサークルの仲間、授業が一緒だった知人など、多くの知り合いとフォローし合っています。主に、ふだんの生活の中で撮影した素敵な写真や動画をシェアしていて、きれいに撮ることができたものには多くの「いいね」がついたり、他のSNSで拡散したりもします。でも最近、そういった生活にも少し疲れてきているように思います。でも「私の投稿を待ってくれている人がいる」と思うと、やめるのも躊躇してしまいます。

(女性◎20歳)

A 褒めてもらうことに疲れているのかもしれません。

インターネットが普及し始めたときには、普及に対して否定的な言説がありました（どんなものでも普及し始めるときには、それに対して否定的な意見があるものです）。その中には、「素人が書き込んでも読む価値のない情報が増えるばかりで誰も読まなくなるにきまっている」といったものもありました。しかし結果的に、インターネットの世界の情報の大多数は普通の生活をしている人々によって書き込まれたものであり、その内容を世界中の人々が楽しむという構造が普及しています。それぞれの分野で詳しい人が自分の知っていることを書き込み、その知識が普及する。さらにその知識が波及することで新たな何かが生まれる、そういった相乗効果がインターネットの世界の魅力でもあります。

インターネット上の人間関係は現実の関係とは異なる何か特殊なものであるというよりも、現実の対人関係の構造の一部を強調したものになっているのだろうと思います。SNSは自分が書き込んだ内容を誰かが読み、それに対して反応をしたりコメントをしたりすることを容易にします。そして誰が反応しているのかも見ることができます。これは、友人仲間と会話を交わし、「へえ」「面白いね」「笑える」という反応を得ることと同じです。SNSの世界では、その反応をより大規模に、即座に、いつでも得ることができるのです。

特にFacebookやInstagramなど実名やほぼ実名で行うSNSの世界で強調される人間関係は、「賞賛欲求を満足させるシステム」です。人間は誰もが他の人々に認められたい、褒められたいという欲求を少なからずもっています。読み手が面白いと思える内容を書き込み、多くの人に読んでもらえる、「いいね」と評価してもらえる、さらに拡散されてフォロワーも増える。このような出来事が、書き込みに対する報酬として機能しています。Facebookの使用と性格との関連を検討した海外の論文では、性格傾向の外向性が関連しています。外向性は、まさに外部に報酬を求めようとする特徴をもつ性格傾向です（ですから外向性が高い人は、人とつきあうことも好きですし、冒険や刺激を求めることも好みます）。

あなたからの質問を読むと、もしかしたら多少無理をして自分自身を外向的に見せようとしているのかな、とも思うのですがいかがでしょうか。本当に外向的な人物であれば、SNSに書き込んで多くの人に見られたり、人脈が広がることを心から楽しむことができると考えられるからです。

自分を他の人にどのように見せるか、ということは現実の生活の中でも重要な意味をもちます。できれば、他の人々に良い印象を抱いてほしいと思うものではないでしょうか。しかし、長い期間の人間関係を考えると、取り繕った自分自身をずっと見せ続けることは苦痛になるだけであるかもしれません。少し違った自分を見せ続けることで、自分自身が変わることができるようになったと思えるのであれば問題はありません。しかし、苦痛に思うようであれば、「自分にとってちょうどよい」SNSとの関わり方を探してみてはどうでしょうか。

(回答者：小塩真司)

親がスマホを持たせてくれません。

私の親は「大学生になるまでスマートフォンを持たせない」と言っています。しかし、私の周りの生徒たちはほぼ全員がスマートフォンを持っていて、連絡や待ち合わせ、他愛のない話もすべてメッセージやSNSのやりとりで行っています。クラスの中で、スマホを持たない私だけがのけ者になったような状態なのです。このような状態であることを親に言っても聞く耳を持ってくれません。どうしたらよいのでしょうか。

（女性◎17歳）

親がスマホを心配する理由はどこにあるのか。

あなたの親は、どのような理由でスマートフォンをあなたに持たせないようにしているのでしょうか。親と話し合ったことはありますか。また、親の意見を十分に聞いてみた経験はあるでしょうか。

自分の考えとは反する意見を聞き入れることは、容易なことではありません。それは、世の中の様々なやりとりを見ていても思うことではないでしょうか。

では、親の立場から考えてみましょう。あなたの親は、何を心配されているのでしょうか。

おそらく、スマートフォンを使用することによるネガティブな結果を心配されているのですよね。それは何でしょうか。

一つは、人間関係上のトラブルが起きることを心配しているのでしょう。

SNS・ゲーム **6**章

SNS でのやりとりが、クラスメイトとの間でギクシャクした関係をもたらしたり、いじめに発展したりするのではないかと考えているのかもしれません。子供たちが巻き込まれるネットいじめは、大人の間でも話題になることがあります。

また、スマートフォンのことが気になりすぎて、勉強が手につかなくなったり、夜更かしをするなど生活リズムが崩れてしまったりすることを心配しているかもしれません。ゲームにのめり込んでしまうかもしれないという心配や、SNS のやりとりが深夜に及ぶことを心配している可能性もあります。

ソフトウェア上で制限をかけることは可能ですが、スマートフォンでは web サイトを自由に閲覧することができます。その中には、教育上良くないと考えられる web サイトも含まれています。あなたの親は、そのような web サイトを自由に閲覧することを心配されているのかもしれません。

さらに、金銭面が心配事になっているかもしれません。スマートフォンの使用プランは年々安く、手にするのが手軽になってきています。しかし、まだ主要なキャリアと契約する場合には、小遣いの範囲で月額を支払い続けるのは難しいかもしれません。また、スマートフォンのアプリはすべてが無料というわけではありませんし、無料が謳（うた）われているソフトウェアであっても、課金が促されることは多々あります。ゲームにのめり込んで課金を繰り返したり、意図せず有料のサービスを契約してしまったりすることを心配しているのではないか、という想像もできます。

あなたの親が抱いているであろうこれらの心配は、子供たちがスマートフォンを使う際に多くの大人が抱くものであると考えられます。これらの心配事に対して、対策を講じることができるでしょうか。ぜひ考えてみてほしいと思います。これまでの歴史でも同じことなのですが、若者にとっての新しいツールは、常に年長者からの批判が集まるものです。新たなツールが広まり、しばらく時間が経過するとそれが当たり前のものになっていきます。重要なことは、どうすればより好ましいツールの利用方法となるのかを考えてみることです。こういった観点に立って、あなたと親とで一緒にルールづくりをしてみてはどうでしょうか。その話し合いの中で双方が納得できる使い方が見つかるかもしれません。

(回答者：小塩真司)

一言アドバイス スマホをどうするかについて、親と子が一緒にルールを考えてみるとよいのでは？

スマホを効果的に利用する方法はありますか？

高校への入学祝いとして、スマートフォンを買ってもらいました。数か月間使ってみてふと気づいたのですが、スマートフォンではSNSとゲームしかしていません。もっと有効な使い方ができないものかと思ってはいるのですが、なかなか思いつきません。何か良いスマートフォンの使い方はないでしょうか。　　　　　　（女性◎16歳）

A 自己拡張デバイスとしてスマホをとらえてみる。

　スマートフォンを校内に持ち込むことができる高校とできない高校があるかとは思いますが……スマートフォンは常に持ち歩き、ふとしたときに画面をのぞき込み、操作することができます。また、数多くのアプリとインターネットに接続できる点も大きな特徴です。せっかくそのような機械を持ち歩いているのですから、有意義に活用したいものですね。

　すぐにでもできることは、わからないこと、疑問に思ったことをその場で調べることです。「そんな簡単なこと」と思うかもしれませんが、検索キーワードを組み合わせて素早く確実に目的の情報にたどり着くのは、それほど簡単なことではありません。また、インターネット上の情報は玉石混交です。そこでは信頼できる情報かどうかの見極めも重要です。情報を見極めるためには、それなりの知識が必要になります。そのための一つの方法は、掲載されている情報のもとの情報をたどることです。webサイトに記載されている情報のもとが書籍であればできるだけその書籍を見てみる、もとが論文だ

と読むのは難しいかもしれませんが、それでもたどってみる、そのような態度で情報に接することは自分の勉強にもなります。

また、スマートフォンを勉強に活用することもできます。たとえば、勉強に活用することができるアプリは数多くリリースされています。学校での勉強を補助してくれるアプリも多数ありますが、学びというものは学校での勉強だけではありません。学校では学ぶことはないであろう語学の学習アプリも存在しますし、ポッドキャストに登録すれば定期的に音声や動画の学習教材を手に入れることもできます。自分の興味・関心に従って、世界を広げることができます。

さらに、生活そのものを見直すアプリもリリースされています。たとえば、毎日少しずつ勉強する目標を設定すると、その目標を達成するように促してくれる、また毎日勉強することでポイントが貯まっていくといったソフトウェアです。体重が気になる場合には、毎日の体重を記録するとSNSに自動的に投稿するアプリもあります。生活習慣を変えるには、「毎日少しずつでも行うこと」「目標を設定し、宣言する（公表する）こと」が効果的です。そのような目標設定と遂行を支援するシステムは、日々持ち運ぶスマートフォンならではのものといえるかもしれません。

日々の生活や人生そのものをゲームと捉え、達成に対して報酬を与えることはゲーミフィケーションと呼ばれます。これは、自分の人生や世界のあり方をゲーム化するという捉え方です。たとえデジタルな報酬であっても、人間は何か行動した後に報酬が与えられるとその行動が習慣化していきます。生活改善アプリは、その仕組みを使うことで自分の生活を改善しようというシステムなのです。さらにゲーミフィケーションは、世の中にある解決困難な問題（たとえば国家間の対立や環境問題など）に対し、ゲームのシステムを用いることで解決策を模索したり、学習したりする手助けもしてくれます。せっかくスマートフォンを自由に使えるのですから、自分自身だけでなく世界の問題解決にも役立てると面白いかもしれません。

いずれにしても、使用するアプリが自分にとって良いものであるか、成長を促してくれるかという視点で考えるとよいでしょう。スマホは自己を拡張するデバイスでもあるのです。

（回答者：小塩真司）

一言アドバイス　自分にとって良いと思えるアプリを探してみよう。

インターネットがあれば学校はいらないのでは？

家でインターネットを見ない日はありません。あらゆる問題についての答えが、インターネット上にはあります。気になる話題はキーワードを検索窓に打ち込めば知ることができますし、解説も読むことができます。学校の授業よりもわかりやすく解説してくれる動画を見て勉強することもできます。正直言って、学校の勉強よりもインターネットの方がよっぽど自分のためになると思っています。このような考えは間違っているのでしょうか。　　　　　　　　　　（男性◎18歳）

A 「インターネットがあれば」というのは間違いではないが……

インターネット上の情報を活用することで、確かに豊富な勉強の場を構築することが可能になります。それは、学校で学ぶ学習内容をはるかに超え、世界中の知識が集約された場でもあります。そういう意味では、インターネットをうまく活用すれば「学校以上」の学びを得ることが可能となるでしょう。

しかし、そこには問題があります。インターネット上にある情報は千差万別であり、玉石混交（ぎょくせきこんこう）であり、虚実が入り混じっており、社会にとって益となる情報も害となる情報も含まれているのです。その点が、学校とは大きく異なるところです。学校で教えられる内容は、基本的に社会にとって益となる情報、生徒たちにとって役立つと考えられている情報が選択されています。またその内容は、より簡単なものから難易度の高いものへ、何歳頃の子供で

あれば認知能力としてこの程度の学習が可能であろうという想定や教育心理学上の研究知見に基づいて構築されています。いつ何を学んだらよいのか、という学習上のサポートを行う機能が、学校では提供されているのです。インターネット上に十分な情報は存在していますが（いや、それも不十分だと言う人はいるでしょうが、情報の増加率を考慮すると十分な情報が存在するようになるのは時間の問題だと考えられます）、それを活用する方法が難しいのです。

　では、そのような情報収集の手ほどき自体がインターネット上に存在すれば、あるいはアプリケーションとして提供されれば、学校は不要ではないかと思われるかもしれません。それはある程度、通信制の学校や学習教材で実現されています。小中学生を対象としたタブレット教材も一気に普及してきました。そこではある程度自動化された学習が可能になっています。

　ただし、個々の学習状況に対応した自動化されたシステムをつくり上げることは、まだ完全にはできていないように思われます。また、仲間と一緒に学んだり手を動かすことが必要な学習は難しいでしょう。とはいえ、これは時間の問題かもしれません。学習内容によっては、教師が手ほどきするよりもより柔軟に学習者の学習進度に合わせて対応することができるシステムの方が効果的である可能性は十分に考えられますし、それを実現する技術は十分に備わっていると考えられるからです。

　そもそも、今は学校というシステムが当たり前となっていますが、日本で小学校と中学校が義務教育となり、すべての子どもたちが小・中学校に行くようになってから歴史的に長い期間が過ぎているわけではありません。そしてその制度が始まった頃には、現在のような情報環境はまったく存在していなかったのです。義務教育制度がつくられる背景には産業革命があったとされていますが、現在の情報革命も、教育制度を大きく変化させる可能性はあります。ただし、それは１〜２年で一気に変わるというよりは十数年、数十年かけて変化していくものでしょう。次の子供たちの世代になれば、教育制度が大きく変わっているということは十分に考えられます。現在、そのような変化の中にいるという認識をもっておくことは重要ではないかと思います。

（回答者：小塩真司）

おすすめ図書

○ネトゲ廃人

　　芦崎 治（著）　2009年　リーダーズノート

ネットで他の人とつながることでゲームが進む形式のゲームをしたことがあり
ますか？　この手のゲームにハマる様子がリアルに描かれています。

○つながりっぱなしの日常を生きる：ソーシャルメディアが若者にもたらしたもの

　　ボイド, D.（著）野中モモ（訳）　2014年　草思社

若者にとって、SNSで人とつながることは当たり前になっています。しかしそ
こでの対人関係は目新しいものではなく、現実世界の一部です。

○依存症ビジネス：「廃人」製造社会の真実

　　トンプソン, D.（著）中里京子（訳）　2014年　ダイヤモンド社

ゲームやSNSだけでなく、魅力的なものにハマらせることで物やサービスを
売ることが、現代社会では戦略になっていることがわかります。

○デジタルネイティブが世界を変える

　　タプスコット, D.（著）栗原 潔（訳）　2009年　翔泳社

生まれた時からデジタルツールに囲まれた世代は、それ以前の世代と何が違う
のでしょうか。ただ、このような世代の区切りを批判する研究者もいますので、
それを踏まえて読みましょう。

○〈インターネット〉の次に来るもの：未来を決める12の法則

　　ケリー, K.（著）服部 桂（訳）　2016年　NHK出版

インターネットは何をもたらしたのでしょうか。人とつながったり、効率化を
もたらしたり、次に何が起こるかわくわくさせてくれる本です。

○　ウェブ炎上：ネット群集の暴走と可能性

　　荻上チキ（著）　2007年　ちくま新書

SNSの炎上は当時も今も起きています。システムは違っても、同じような現
象が起きることを見ておくと良いのではないでしょうか。

○　学校では教えてくれない大切なこと12 ネットのルール

　　旺文社（編）関 和之（マンガ・イラスト）　2016年　旺文社

ネットを使うことで何が起きるのか、実例を交えながらわかりやすく学んでい
くことができます。

7章 親子関係

親が過保護で困っています。

私は大学2年生です。私の母親は、私が友人と遊ぶため外出しようとするとき、誰と、どこで、何をして、何時に帰宅するのか尋ねてきて、母親自身が心配だと判断すると一緒についてこようとします。また大学のレポート課題をしているときや、試験期間のときなど、現在の進行状況や試験勉強がきちんと進んでいるかなどを尋ねてきて、常に私のことを把握しようとします。中学生の頃はもちろんですが、大学生になってもこのような状態は続いています。このような母親の行動は、過保護と思いますが、この過保護のせいで私にどのような影響が出るでしょうか。 （女性◎ 19歳）

親の養育態度が子供の適応感に影響を及ぼします。

過保護と過干渉は相違があります。過保護は子供が求めたことを親がやりすぎること、過干渉は子供が求めないことまで親がやりすぎることと言われています。これらから考えると、上記の悩みは親の過干渉なのかもしれません。また近年では、過保護や過干渉について、ヘリコプターペアレントという言葉で説明されるときもあります。ヘリコプターペアレントとは、親が本来すべき自立への教育を怠り、親自身の気持ちを優先し、子供に失敗体験をさせないように、手や足、お金などを出して保護や干渉をしてしまうことをいいます。

　過保護や過干渉は、親の子供に対する養育の問題と考えられます。これま

でに親の養育態度に関する研究は多数行われています。その中から、いくつかの研究を紹介します。

　バウムリンドという心理学者は、親の養育態度について、応答性と要求性の二つを見出しました[1]。その後、他の研究者によって応答性と要求性の両方が高い養育態度（権威ある親の態度：親が子供に対して自らの価値観に基づいた行動の指針を示し、要求もしますが、同時に子供自身の自己主張や要求に対しても応答的で、それを支持、尊重している態度）が子供の適応感に良い影響を及ぼしていると報告されています。また、私のした調査では、子供が青年期へ移行するにあたり、子供は親に対する態度を変化させ、それに伴い親は相互調整的に子供に対する態度を変化させる必要があり、そのような養育態度が子供の適応感に影響を及ぼしていることが示されました[2]。これらから考えると、子供が健全に、適応的に過ごすには、親の養育態度が重要であるといえます。反対に、過保護や過干渉の親の養育態度は、子供にあまり良い影響を及ぼさないといえるでしょう。また、過保護や過干渉は、親が子離れできていない状態と考えられ、親が子から離れることができないと、子供も親の養育態度の影響を受け、親から離れることができない状況になることが考えられます。すなわち、子供は自立や自律ができない状態になり、子供の健全な成長・発達に影響があると思われます。

　次に、青年期の親子関係の発達的変化については、中学生の親子関係では「親が子を危険から守る」「親が子を抱え込む」「子が困った時には親が支援する」などが特徴的で、大学生になると「子が親から信頼・承認されている」「親が子を頼りにする」関係が特徴になっており、青年期の親子関係は心理的に離乳する方向へと、発達的に変化するという研究があります[3]。

　これらのことから考えると、子供の成長・発達にともない、親子関係は変化し、親は養育態度を相互調整的に変化させていくことが子供の適応感には重要であると思われます。過保護や過干渉の養育態度が強い場合は、子供に良い影響を及ぼさないため、親と話し合いの時間をもつことや、カウンセラーなどの第三者の力を借りて、親子関係について相談する必要があると思われます。

（回答者：渡邉賢二）

一言アドバイス　親と話し合いの時間をもつことや、カウンセラーなどの第三者に相談してください。

Q どうしたら家族に目を向けてくれるでしょうか？

私のお母さんは、最近、仕事や自分の趣味で忙しいようで家族のことをほったらかしにしています。どうしたら子供や家族に目を向けてくれるでしょうか？　　　　　　　　　　（女性◎16歳）

A お母さんの別の面を知ることが、より良い関係を築く。

あなたの年頃は青年期といって、これまでの親子関係が変化する時期と言われています。そのため親との関わり方で戸惑いが生じることも少なくありません。親から干渉されると嫌だなと感じることもあるでしょう。一方、そっけない態度をとられることにイライラしたり、不満を感じたりしてしまうこともあるでしょう。

青年期は、心理的に依存していた両親から離れていく時期です。ホリングワースは「心理的離乳」、オースベルは「脱衛星化」という言葉を用いて青年期の親からの自立の特徴を表現しています。この時期、親の言うことにイライラしてしまい口喧嘩になってしまったり、その一方で、自分のことに自信をもてず、完全に一人前扱いにされては困ると感じたりすることがあるでしょう。これはまだ親にかまってほしいという気持ちと、もう子供ではないという気持ちの間に葛藤（コンフリクト）が生じているからなのです。親からの自立を考えるとき、もう一つの大事な視点があります。それは、お母さん、お父さんに対して優しい気持ちで接するということです。青年の健康な心理的自立のためには母親・父親との関係において愛着や親密性などの結びつき

親子関係 **7**章

の部分も大切であるという指摘があります[4]。

　ところで、あなたのお母さんは人生の中のどの時期にいるのでしょうか？ 40歳前後から50代にかけては中年期と呼ばれています。ユングは、人間の一生を太陽の動きにたとえて、この時期を「人生の正午」と名づけました。この時期は自分の人生について問い直す大切な転換点なのです。お母さんも自分自身の生き方を振り返り、これからの人生をいかに生きるかということを真剣に模索しているのです。そのため、仕事に熱心になったり、あるいは趣味に没頭したりすることもあるのです。

　お母さんが仕事や趣味で忙しくしていると、「もっとかまってくれたらいいのに！」とか、「本当に私のことを愛している？」と思ってしまうかもしれません。お母さんに対して自分の意見をはっきり言うことも大切ですが、同時にお母さんの話に耳を傾けるという姿勢も大事だと思います。お母さんもあなたとは別の人生を送る一人の人間であるということを理解してあげてください。そして、お母さんの意見を傾聴したうえで、「私はこう思う」ということを述べてみてください。また、お母さんの仕事の話や趣味の話を聞くことも良いと思います。「お母さん、お仕事お疲れ様。お仕事どうだった？今日のお風呂掃除やっておいたよ」とか「お母さんの趣味の話を聞かせてほしい」などと声を掛けてみてください。そこからいろいろな話が広がっていくと思いますし、あなたの知らないお母さんの別の側面を知ることができると思います。

　今回、ここで書いたことは、一つの考え方です。この回答がお母さんとのより良いコミュニケーションの糸口になることを期待しています。

（回答者：小高　恵）

一言アドバイス　お母さんの趣味について一緒に話してみるのもよいと思います。

仲良し母娘で大丈夫？

私とお母さんは昔から仲が良く、よく一緒に買い物に行ったり、遊びに行ったりします。私を一番わかってくれるのはお母さんなので、恋愛や将来の相談等、お母さんには何でも話します。友人からは親離れができていないと言われるのですが、大丈夫でしょうか。

（女性◎20歳）

A 親から自立するとはどういうことなのか。

　お母さんと仲良しでいることについて友達から指摘され、「これで大丈夫なのか？」と気になっているのですね。もしかしたら、あなたには自立欲求が芽生え始めているのかもしれません。お母さんとは離れがたいけれど、自立したい。ジレンマですね。そこで、お母さんと仲の良い関係であり続けながら自立していくということを考えてみたいと思います。

　まず、親離れした関係とは、どのような関係を指すのでしょうか。アメリカの青年心理学者スタインバーグらは、親離れを以下の四つの側面から捉えました[5]。①脱理想化：「親だから私のことを理解して当然」「素敵な母親でいてほしい」等のように理想の親として親をみるのを、やめること。②親を一人の人間として認識する：親を親としてではなく、一人の人間として見るようになること。③非依存：親への依存をやめること。④個性化：自分は親とは異なる個性をもった人間であると捉えるようになること。

　これらは、親離れのキーワードと言えるでしょう。あなたは、親の価値観

親子関係 **7**章

に捉われず、親とは異なる自分らしさを発揮することができるでしょうか。そして、あなたのことを慰めあなたの指針となってくれる母親としてではなく、弱いところも間違うこともある一人の女性として、お母さんを見ることができるでしょうか。

自立には、親離れだけが必要なわけではありません。母娘関係を4類型に分けると、親離れしていて信頼関係も築き、母親と対等な大人同士の関係にある人が健康的な「自立型」と考えられます（図2）[6]。これらの類型のうち、あなたは母親との仲の良さを楽しむ「密着型」と言えるかもしれません。調査の結果、「密着型」は「自立型」同様に精神的に健康ですが、親離れしていないために、自分で決断して行動するのが難しいことがわかっています。

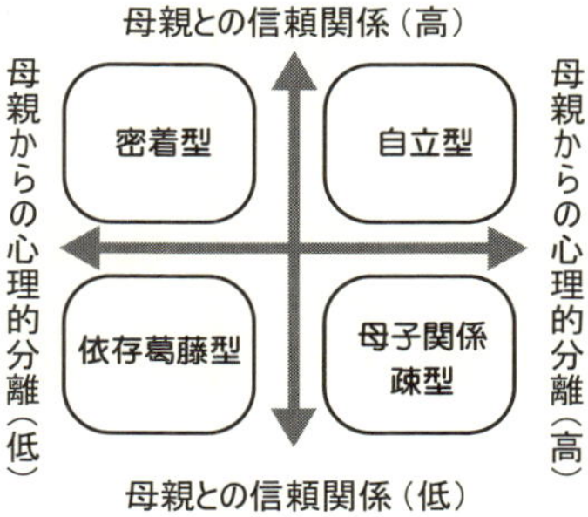

それでは、本題の「母親と仲が良いままに自立できるのか？」について考えてみましょう。必要があるときには母親に頼ることができるというしっかりした心の支えをもつことは、自立する力になるでしょう。そして母親との関係に支えられながらも、母親を思いやり、心遣いを向けることは、母親を客観的に見る能力を高め、母親からの信頼感も高めて自立を促します[7]。しかし大好きなお母さんとは言っても、異なる時代や環境を生きてきた他者であることを忘れてはいけません。母娘一心同体という思いは、ときに互いを息苦しくしてしまうかもしれません。あなたがもう一歩、父親や友達、ボーイフレンド、先生、アルバイト先の方々等と関係を深めていくことは、お母さんとの距離を離すのではなく、お母さんとの関係を客観的に見る力を養わせ、互いの価値観や考え方の違いを認め合うことのできる成熟した関係性を築くことにつながるのではないでしょうか。母親との絆は、就職、結婚、出産、子育てなどを経験するであろう今後の女性としての人生においても重要であり続けます。多様な人間関係を経験していく中で、お母さんと仲が良くかつ対等な大人同士の母娘関係を築いていくことは、自立した女性としてのあなたの人生を、より豊かなものにすると思いますよ。（回答者：水本深喜）

図2　母子関係の4類型
（出典：水本深喜・山根律子（2011）「青年期から成人期への移行期における母娘関係」『教育心理学研究』59, pp. 462-473.）

一言アドバイス

自分の手で、新しい扉を開けよう！

親への感謝の気持ちをどうしたら伝えられますか？

親に不満を感じたり、放っておいてほしいと思ったりすることもあるけれど、好きな部活動をやらせてくれて、受験勉強も応援してくれて本当に「ありがとう」という気持ちでいます。でもときどき、親に負担をかけてしまったことが申し訳なく感じられることもあります。私は親のことが好きだし、いつも気にかけてくれることには感謝しているのに、素直に自分の気持ちを親に伝えることができません。親へ感謝の気持ちを伝えることのできない自分が、とてもダメな人間のように思えてきます。

（女性◎17歳）

感謝の気持ちを伝えることは親との関係の新たな一歩。

親子関係は不思議なものです。子供も親も、相手を自分で選んだわけではないのに、親と子という結びつきの中で生きることになります。だからこそ、「親子の間でお礼を言うなんて水くさい、気恥ずかしい」という気持ちが生まれるのかもしれません。

一口に親への感謝の気持ちといっても、援助してくれることへのうれしさ、生み育ててくれたことへのありがたさ、負担をかけたことへのすまなさ、今の生活をしていられるのは親のおかげだという少なくとも4種類の気持ちがあると考えられています。そして、私が行った調査では、中学生から高校生になるにつれて自分が苦労しているのは親のせいだという気持ちは小さくなることもわかっています[8]。

親子関係 **7**章

　アサヒグループホールディングスが、20歳以上の男女2624名に行った調査によれば、家族に日ごろ感謝の気持ちを伝えられていないと考えている人は全体のおよそ7割（あまり伝えられていない55.5%、伝えられていない17.6%）ということです。感謝の気持ちを言葉で十分に伝えていない理由で最も多かったのは、「感謝の気持ちを伝えるのが、気恥ずかしいから」（58.9%）でした。また、ネスレ日本が10〜50代の男女1000名に行った調査では、自分の親に意識して「ありがとう」を言っている人は61.5%であり、同僚87.3%、友人85.0%、恋人84.3%、配偶者77.1%に比べて小さい割合となっています。このように、親へ感謝の気持ちを伝えることができていないと感じることは、決して珍しいことではないといえます。

　感謝には、いくつかの表し方があることも知られています。言葉で感謝を述べること、お返しに何かをあげたりしたりすること、相手との精神的結びつきを大切にすること、周りに役立つことをしたり自分自身が成長したりすることなどです。これらは親へ感謝の気持ちを伝えるうえでもあてはまります。さらに、山梨県の民間伝承には、「親からもらった恩を子育てで子供に返す」という「順のくぶし」という考え方があります[9]。親から与えられたものを親に返すのではなく、自分の子供に限らず次の世代を育てるという世代継承の営みにつなげていくことも、親への感謝の気持ちの表し方の一つといえるでしょう。

　親への感謝の気持ちは、子供が親から自立していく中で生じてくるといわれています。子供の頃には当たり前だと思っていた親の支えが、自分が成長する中で親も自分と同じ一人の人間であると実感することになり、ここまで自分を育ててくれた親の苦労や悩みを知るということもあるでしょう。その意味で、親への感謝の気持ちを伝えることは、親と子がこれまでとは異なる人間対人間の対等な関係を築いたことを認識することにもつながります。そこには、うれしい反面、少しのさびしさもあるのかもしれません。今すぐに、とあせる必要はありません。あなたの心の準備ができたとき、素直な感謝の気持ちをぜひ親へ伝えてみてください。そのことは、親との関係の新たな一歩になるはずです。

（回答者：池田幸恭）

一言アドバイス　近すぎると見えにくく、少し離れてみると気がつくことが親子関係にはあるようです。

よく両親とケンカをしてしまいます。

僕の両親は高校の勉強のことだけでなく、僕の服装や髪型、部屋の片づけなど細かいことにもいちいち口を出してきます。何か上から目線でお説教みたいな口調で言ってくるので、つい腹が立って「俺の勝手だろ」などと荒っぽい言葉で言い返してしまいます。そのようなときは大抵、口論になってお互いに気まずい感じで終わるので、僕も心の中では反省し後悔することが多いのですが同じことをよく繰り返してしまいます。基本的には仲の良い親子だと思うのですが、どうしてこのようなケンカになってしまうのでしょうか。 （男性◎17歳）

日常生活における青年と親との口論の主な原因。

青年期の親子関係においては児童期以上に言い争いなどのケンカが生じやすくなります。そのことはしばしば第2反抗期とか親子間葛藤という言葉で言い表されていますが、実際にはその原因は複雑で多様な側面があります。

一般的に青年期には自我が芽生え、親や教師などの大人に対して批判的な見方をしたり、自己主張をすることが多くなると言われています。また、権威的な存在に対して従順であるよりも、自分の意見や権利を尊重し、承認されることを求める傾向にあります。特に親子関係においては、親を理想化し、親の教えを素直に取り入れるという児童期までのあり方から脱却し、親を一人の人間として客観的に捉え評価する視点が育ってきます。これは青年が親

から自立するプロセスにおいて必要なことなのです。

　他方で、青年期の子供をもつ親は親自身の課題に直面することになります。それは、子供の成長に伴い親役割を調整することや、権威関係を見直し新たな関係を構築し直すという課題です。親は子供が生まれてからずっと子供を終始見守って保護しています。また、子供の社会化のために「しつけ」を大切な親の役目と考えています。しかし、青年はもう小さな子供ではないため、親も子供の成長に合わせて、手出しや口出しを控えるなどの調整が必要になります。親からすれば子供はいつまでも子供で、親としていろいろなことを教えたい、教えるべきであるという考えを持っています。青年は子供ではありませんが、かといって完全に自立した成人でもないという発達的な移行期にあるため、親もこの曖昧な時期に親としてどのように関わればよいのか戸惑うのです。また、親はいつまでも子供に対して威厳ある存在でありたい、尊敬されたいという気持ちを抱くものです。そのため、青年の目には「上から目線」と映ったり、過度な干渉と捉えられ、親子の気持ちに衝突が生じやすいと考えられます。

　また、青年はしばしば自室の管理や髪型、服装などは自分に決定権、裁量権のある事柄と考えます。他方で親はその事柄を道徳的問題や慣習的問題、あるいは家族として無関係ではない問題として理解するという認識の不一致が生じることがあります。青年期は自律性が発達するために、自分の決定権や裁量権を拡大しようとしますが、親は必ずしも青年と同じ考え方をしません。「俺の勝手だろ」とか「親は関係ない」という発言は青年側からは当然の主張になりますが、親からすれば「勝手ではない、関係はある」と考えるために主張が衝突するのです。

　以上の説明の他にも、親子双方の性格傾向、学校や職場など家庭外での心理的ストレス状況、乳幼児期から児童期までの養育に関わる親子関係の情緒的問題などに起因する親子間の衝突もあります。

　親子間の言い争いの場合、双方が相手を言い負かし、自分が勝とうとするとぶつかり合うだけになってしまうので、お互いに相手の視点を十分に受けとめ理解し尊重する姿勢が必要になります。　　　　（回答者：平石賢二）

一言アドバイス
親子が互いに相手を信頼し合う、相互信頼感を育むことが大切です。

Q 親が妹ばかり えこひいきします。

僕は二人きょうだいで3歳年下の妹がいます。母はこの妹をとてもかわいがっており、僕からすると少し甘やかしすぎではないかと思うことがあります。逆に僕には厳しくて、本当に不公平だと感じます。そのせいで僕と妹は小さい頃から仲が悪く、よくケンカをしてきました。

（男性◎14歳）

A 子育てにおける不公平さときょうだい間葛藤。

　人は誰しも公平に扱われたい、差別してほしくないと思うものです。とりわけ、親に対しては最も強くそのことを願うでしょう。子供は世界中の他の誰よりも親に分け隔てなく愛されたいものですので、ずっと不公平だと感じ続けてこられたというのはさぞつらい経験だったと思います。

　大抵の親は子供たちに対して公平に接していると思っているし、それが理想だと考えているでしょう。しかし、実際には子供の特徴によって対応が変わってくることがあります。

　たとえば、出生順序という要因が考えられます。長子に対してはお兄さんやお姉さんの役割を期待し、年下のきょうだいの面倒を見るとか跡取りとしての期待などをかけたりすることもあります。たくましく立派に育ってほしいという期待のあまり、甘やかさないように育てようとするということもあるかもしれません。また、長子はもともと第一子でひとりっ子の状態で生まれてきます。しかし、幼いきょうだいの出生によってお母さんの関心や世話

が自分からきょうだいに移ってしまうという経験をします。子供によっては、赤ちゃん返りという退行現象を示すこともありますが、まだまだお母さんに甘えたい状態の子供にとってはお母さんを奪われたというつらい喪失体験として心に傷を負うこともあるかもしれません。

　また、性別も重要な要因の一つです。一般的に母親は同性である娘と心理的距離が近く、子供が大きくなっても情緒的結びつきを維持する傾向があります。他方で息子に対しては伝統的な男性役割を期待し、自立のための分離を促す関わり方をすることがあります。それから女性だけの姉妹で育ってきた母親の場合、自分とは異質な存在であるために息子の育て方がよくわからないということも生じます。しかし、逆に母親の自尊感情が低く自らの女性性を受容できていないような否定的な自己像をもっている場合には、その自己像を同性である娘に投影して見てしまうことから母娘関係が難しくなってしまうようなケースもあります。またその逆に異性である息子に対して自分の夫や父親の肯定的なイメージを投影して、かわいがるという場合もあるのです。このように母親は自分の子供に対して様々な自己の投影と感情移入をします。そのあり方により、子供たちに対する関わり方が異なってくるということが考えられます。

　きょうだいというのは、学力や容姿、性格的な面など様々な観点から何かと比較される対象になります。また、動物行動学的に見ても、きょうだいは生存のために少しでも多くの栄養を親から得ようとする競争相手になります。このような観点から、きょうだい間には同胞葛藤が生じやすいと考えられており、無意識の深層心理を重視するユング心理学ではそれをカイン・コンプレックスという言葉で呼んでいます[10]。幼少期にきょうだいとの比較で劣等感を感じたり、きょうだいに親の愛情を奪われたと感じるような傷つき体験をすることは心に深く刻み込まれます。そして、そのことが青年期において親の態度をより不公平と感じさせることにつながる可能性もあります。

　親はこれまでに述べてきたような子供たちの同胞葛藤の背景に気づいていないことがあります。その場合、子供は親を非難する「あなたメッセージ」よりも自分が感じてきたことを「わたしメッセージ」[11]として親に素直に表明することも大切です。

（回答者：平石賢二）

一言アドバイス

同胞葛藤を乗り越えるためには、様々な視点から親の考えや気持ちを理解することが大切です。

両親がケンカばかりしています。

私が中学生になってから、父と母は顔を合わせるとすぐに口論をするようになってしまいました。母がパートとして働き出してからだと思います。母は父に対していつも不満を漏らしていて、父はそんな母を嫌がっているように感じられます。二人のやりとりを見ていると、私はとても悲しい気持ちになります。高校生になってからは、母の父への愚痴を聞く機会も増えました。離婚をするのではないかと不安になるときもあります。来春には、大学受験を控えています。志望校は決まっていますが、そこに合格すると親元を離れる必要があります。私が去った後の両親のことが気になって、実家にとどまるべきかどうか真剣に悩んでいます。

（女性◎17歳）

両親のためにできること、自分のためにできること。

　ご両親がよく口論をなさっているのですね。それを耳にするのは、とても辛いことだと思います。二人の話を聞いていて、悲しくなるのも無理はありません。高校生にもなると洞察力が鋭くなり、両親を親としてだけでなく、職業人や夫・妻といった様々な側面から捉えるようになります。ケンカの原因や打開策について、思いを巡らせているのではないでしょうか。

　小学生の頃までは、ご両親のケンカを目撃することはあまりなかったようですが、夫婦関係が不仲になる理由はいろいろなことが考えられます。ケンカをよくするようになったタイミングが、ちょうどお母さんのパートを始め

親子関係 7章

た時期と重なるとのことですが、もしかすると仕事と家庭の両立や役割分担をめぐり、お母さんが納得のいく形になっていないのかもしれませんね。ですが、ケンカの原因は単純に一つだけとは限らず、むしろ様々な要因が複雑に絡み合っていることの方が多いでしょう。また、それまでに棚上げしてきた過去の問題が背景にある場合も考えられます。やはり当事者である夫婦が、そうした問題といかに向き合うかが重要となります。

　お母さんの相談相手になっているようですが、あなたにとって耳をふさぎたくなるお父さんの情報もあるのではないでしょうか。親が他方の親を批判したり、否定したりする言動は、できれば聞きたくないものです。それでも育ててくれたお母さんの悩みを聞いてあげたいとの思いも理解できます。こういった戸惑いは"忠誠葛藤"と呼ばれ、両親間の板挟みにあい、いわゆる"三角関係化"に巻き込まれた青年が抱きやすい感情の一つです。さらに、どちらが正しいのかの判断を求められたり、二人の関係の修復に向けて仲を取りもつように期待されたりしているかもしれません。その場合、家族内での役割意識に多くの関心やエネルギーが注がれ、青年期の重要な課題であるアイデンティティ形成に目が向けられにくくなってしまうことがあります。また、親に対して自分の悩みを伝えたり、弱さを見せたりできず、無理に"よい子"としてふるまってしまうことも少なくありません。

　自分の人生を生きるうえで、青年期にアイデンティティの探究を行うことは大きな意味をもちます。親元を離れることに躊躇しているご様子ですが、状況が許されるのであれば、ご自分の思いを大事にした決断をされてはいかがでしょうか。物理的な距離が離れても、心理的な絆が切れるわけではありません。子供の巣立ちは、親自身の生き方や夫婦関係を見直すターニング・ポイントとなることもあります。それでも当人同士での調整が困難な場合、家族の外部の公的あるいは私的な支援を受けることで状況が改善することがあります。臨床心理士等によるカウンセリングは、公的支援の典型だといえます。状況に応じて、勧めてみてください。もちろん、あなたも私的な支援者の一人として期待されるかもしれませんが、基本的にはあなたご自身の人生を第一に考えるという前提で、無理をせずにできる範囲内で支えてあげてもらえたらと思います。

（回答者：宇都宮 博）

一言アドバイス　ご両親の子供としてだけでなく、家族の枠を超えた自分の未来を思い描いてみてください。

おすすめ図書

○西の魔女が死んだ
梨木香歩（著）　2001年　新潮文庫　【小説】

不登校になった中学1年生の「まい」の回復と成長の物語です。親との緩やかなつながり、おばあちゃんとの関係など豊かな発見があります。

○新あたしンち
けらえいこ（原作）　2015～2016年　株式会社KADOKAWA　【アニメ】

女子高生の娘（みかん）は母と日々バトルしています。「あれ？」と思うことや「あるある」といった日常の親子関係が描かれています。

○だから母と娘はむずかしい
エリアシェフ, C.，エニック, N.（著）夏目幸子（訳）　2005年　白水社

様々な母娘関係のパターンを示しながら、娘が母親を模倣すると同時に母親との差異化を図ることの難しさを考えさせてくれる一冊。

○一卵性母娘な関係
信田さよ子（著）　1997年　主婦の友社

仲良し母娘の背後に希薄な男女関係あり？　楽しく逞しい一卵性母娘を現代の社会現象と捉え、事例を挙げながら分析した本です。

○夫婦げんかと子どものこころ：健康な家族とはなにか
川島亜紀子（著）　2014年　新曜社

著者自身による調査結果をもとに、夫婦げんかの理由やパターン、子供への影響のメカニズムなどがわかりやすく示されています。

○変わりゆく日本の家族：〈ザ・プロフェッショナル・ハウスワイフ〉から見た五〇年
ヴォーゲル, S.（著）西島実里（訳）　2012年　ミネルヴァ書房

日本人女性とその家族三世代の生涯を記した伝記的物語です。戦後の日本人家族の世代的変化を理解するのに役立ちます。

○親子白書
明治安田生活福祉研究所（編）　2017年　きんざい

良好な親子関係、親子の距離感の変化、反抗期としつけにみる親子の関わり方の変化など、グラフなどを用いて説明しています。

8章 気分・性格

劣等感を消すには どうしたらよいですか？

僕は強い劣等感に悩んでいます。テストがあると、テストの点数を友達と比べて、自分は勉強ができないと落ち込みます。体育の授業では運動ができる友達と比べて、自分の運動のできなさにがっかりします。毎日鏡を見ては、自分の顔の悪さに嫌な気分になります。背も低いし、性格も暗いです。他の人と比べても仕方がないのはわかっているのですが、ついつい人と比べてしまって、いつも劣等感を感じて、苦しい思いをしています。どうしたら劣等感をなくすことができますか。

（男性◎14歳）

劣等感をなくす方法ではなく、活かす方法を考えましょう。

青年期は、身体も心もどんどん変化していく時期です。変化の最中にいるので、自分のこともわからなくなります。ですから、自分を知るためにも、周りの人を見たり、比べたりすることは普通のことです。ですがその結果、劣等感にさいなまれ押しつぶされるのは苦しいです。

以前から、劣等感をなくす方法として、補償と代理補償という二つの方法が示されてきました。補償とは、劣等感を感じている部分を、努力して改善しようというものです。勉強ができないことで劣等感を感じているならば、一生懸命勉強すればよいですし、運動が下手なことで劣等感を感じているならば、がんばって練習して、運動が得意になればよいのです。

一方、外見のように変えにくい部分で感じる劣等感をなくす方法として、

気分・性格 **8**章

代理補償があります。代理補償は、劣等感を感じている部分以外で努力して、優れるというものです。たとえば、勉強や運動、お笑い、音楽、リーダーになる、有名になるなど、外見以外のところで評価されるものに一生懸命取り組むことで、外見に対する劣等感がなくなる、あるいは弱まるということが言われています。

　このように、補償または代理補償によって、劣等感をある程度はなくすことができるかもしれません。ですが、努力をする前に、「どうしてあなたはその部分に劣等感を感じるのか」ということを考えてみてください。私たちは空を飛ぶ鳥に劣等感を抱くことはありません。最初から飛べないことがわかっているからです。アイドルと顔を比べて劣等感を抱くことも少ないです。別にアイドルになりたいわけではないですから。オリンピックの100m走で金メダルをとった選手に劣等感を感じることもありません。自分の実力とあまりにもかけ離れていますし、ふだんの生活で100mを9秒台で走ることは、重要でもなければ、必要性もありません。ですが、金メダリストよりもはるかに遅い友達と100m走をして負けると、劣等感を感じます。このように考えると、劣等感が生じるのには理由があります。それは、①自分の生活においてその部分を良くすることが重要であること、②努力によって向上する可能性が感じられていること、の2点です。

　この2点を踏まえて、改めて考えてみましょう。(1)「あなたが劣等感を感じている部分はどこですか」、(2)「あなたの生活において、劣等感を感じている部分はどのくらい重要ですか」、(3)「あなたは劣等感を感じている部分を、努力によってどこまで良くしたいですか」。特に質問(3)は現実的・実現可能な目標を考えましょう。顔や身長のような、努力ではなかなか改善できない部分はとりあえず放置しておきましょう。まず重要度の高い部分から始めましょう。

　劣等感をなくす特効薬はありません。もしかしたらずっと劣等感を抱き続けるかもしれません。ですが、活用する方法はあります。せっかく劣等感を感じているのですから、自分を知り、努力を始めるためのきっかけとして使ってみませんか。

(回答者：髙坂康雅)

一言アドバイス 劣等感は自分を知るきっかけであり、成長の原動力である。

自己中（ジコチュー）な性格は直すべきですか？

先日、友人と会話をしていたときにふと言われたのですが、私はけっこう「自己中心的」なのだそうです。自分ではそんなつもりはなかったのですが、彼女に言わせると、私は何でも自分のことを優先するというのです。言われてみれば、何をするにしても自分が損をしないように立ちふるまっているような気がします。こういった性格は直した方が良いのでしょうか。　　　　　　　　　　　　（女性◎17歳）

A 自己中（ジコチュー）は悪いことだと思いますか。

　青年期の自己中心性という言葉があります。これは青年期になると多かれ少なかれ自分自身に注意が向かい、周囲の人々が自分自身に注目しているかのように感じる傾向のことです。この青年期の自己中心性の一つの特徴は「想像上の観客」というものです。これは、青年が現実であれ想像上であれ、他の人々の反応を予測し、自分がそこにどう映るかを意識することです。またもう一つの特徴は「個人的寓話」と呼ばれるものです。これは、自分がもつ考えや感情、ものごとへの関心が他の人には見られない、自分自身の独自なものであると感じる傾向のことです。
　しかし実は、そもそも本当に周囲の人々がその人に注目しているかというと、そうとも限らないのです。みな周囲の人ではなく自分に関心が向かっていれば、誰かに注意が集中することは起きませんよね。他者が自分のことを注目していると過剰に思い込んでしまう傾向のことを、スポットライト効果

気分・性格 **8**章

と言います。あたかも自分にだけスポットライトが当たっているかのように錯覚してしまうことです。

　青年期における自己中心性は、全能感と誇大性という自分自身の捉え方にも関連します。これらは、自分が何でもできる、万能な存在であるという感覚や、自分は他の人よりも優れた人間であるという確信のことです。そしてこれらは、自己愛的な性格傾向（ナルシシズム）にも密接に結びついています。自己愛的な性格傾向は、自分が人より優れているという強い感覚と、その感覚を維持しようとする傾向、そして人がそのように思うことを求める性格傾向の一種です。その中には、特権意識（自分が特別扱いを受けて当然だという感覚）のように、相談者が気づいた自分の特徴に相当する要素も含まれています。このように書いてくると、自己中心性は解決すべき、修正すべき問題であるように感じられてきます。

　しかし、ものごとには両面があります。青年期の自己中心性の研究によると、自己中心性のうち個人的寓話の側面は青年期を通じてある程度一定のまま推移し、成人期においても持ち続ける人が一定の割合存在するということです。また、自己愛的な性格傾向の研究では、中学生から大学生にかけて自己愛傾向が高まっていくという報告もありますし、海外では以前よりも近年の大学生の方が自己愛傾向が高くなっているという報告すらあります。

　学生の就職活動でも就職後のキャリアアップでも、SNSでもクラスの中の人間関係でも、自分をより良く見せたり賢く見せたりすることが求められる場面というのは、以前よりも増えているようです。また、自己肯定感を高めようとする教育も広まっており、アメリカではそのような教育が自己愛も高めてしまってきたという指摘がなされてもいます。社会全体が自己愛的なふるまいを求める中では、自己中心的なふるまいをすることは一つの適応のしかたであるとも考えられるのです。

　ただし、あなたが自分の性格を直したいと思うのであれば、徐々にふるまいに気をつけていけばよいと思います。自分の行動を意識し、修正しようと試みることは誰でもできます。それが続けば習慣となり、やがてそのふるまいが板についてくることでしょう。そうすれば気づいたときには、自分が自己中心的ではないと思えるはずです。　　　　　　　　（回答者：小塩真司）

一言アドバイス

性格には良い面と悪い面の両方があります。

自尊心ってなんですか？

「自尊心」はときに独善さを強調してしまうと私は思っていて、そう思わないように心がけてきました。以前読んだ中島敦の『山月記』の主人公は、秀才と評される自分の高い能力を過信したために、人との交流を断ち、自分が成長する機会を自分で阻んでしまい、悲惨な末路を迎えます。彼は自分の運命は、「臆病な自尊心と、尊大な羞恥心」のゆえだったと述懐していました。私にもそれに共感するような経験があります。自分に自信をもつことよりも、努力して向上しようとすることの方が大事だと思います。ですが、先生に、「生きていくうえでは自尊心をもつことが大切だ」と言われました。なんだか実感できません。自尊心って何なんですか。　　　　　　　　　　　（女性◎17歳）

A 「自分自身を基本的に価値あるものとする感覚」です。

日常的に「自尊」という言葉を聞くと、何か、傲慢な、優越意識を抱いているような、そういう響きがありますよね。自慢気だったり偉そうだったり。そこからさらに他者を見下しているような感じをイメージすると、特にそれを良くないものとする印象をもつのではないでしょうか。

ですが、心理学でいう「自尊心」に、他者への優越や排除、尊大さやうぬぼれという意味は含まれません。「自分自身を基本的に価値あるものとする感覚」を本質とする、自己を肯定する感情の一つとされています[1]。

では、それはどのような心の状態なのでしょうか。心理学では「自尊感情」

126

という言葉が使われることが多いので、以下では、その意味の自尊心について、「自尊感情」という言葉で説明していきましょう。

　自分が頑張ってやっていることについて、何か良い結果を出すことができたり、人から褒められたりすると、たいてい、うれしい気持ちになりますよね。自尊感情は、まず、このような、自分に対して感じる肯定的な評価感情であるということがいえます。

　また、私たちが自分に対して抱く態度や感情には、そういった何かの出来事の結果として感じられるものだけでなく、日頃からなんとなく抱いている基本的なトーン（傾向）があります。あまりはっきりとした根拠はないけど、なんとなく自分のことが好きだ、悪くないと感じるといった気持ちです。自尊感情の土台を支える、素朴に自分を愛する気持ちです。

　そのような感覚をもっていることは、課題に向き合う際、人に向き合う際、あるいは何らかの問題に直面した際、それらを前向きに捉える心理的な支えになります。なので、生きるうえで必要なのです。

　これは自分を「肯定する」感覚なのですが、そこでいう「肯定」には、2点、大事なポイントがあります。一つは、その「肯定」の基準は、あくまでも、その本人が決めているということです。もちろん、他者との比較とか、世間一般の成功の基準とか、そういったものの影響を受けてはいるでしょうが、本人が「これで良い」と思えれば、自分を肯定する感覚を得ることができるのです。逆に言うと、他人から見て非常に優れた、恵まれた人であっても、本人がそれで良いと思えなければいつまでたっても自分を肯定することはできません。二つめは、そもそも、「存在する」ということ自体、「肯定」という意味になり得るということです。自分に価値がないと感じられたとしても、自分なんかダメだと思ったとしても、それらはすべて、存在している（存在を肯定している）からこそ、感じていることなのです。これ、大事なことです。

　自尊感情は、経験を通して自分自身という存在を捉えたときに、自然と感じることのできるものであることが望ましいです。「自尊感情をもたなきゃ！」と、無理に自分を肯定しようとするよりは、ひとまずその自己存在を「肯定」して、そこからさらに価値ある自分をつくっていきましょう。

（回答者：中間玲子）

一言アドバイス

今、ここに自分が存在する不思議を受け止めて、自分の人生のプロデューサーになろう。

性格は幼い頃に決まってしまうのですか？

「性格は3歳までに形成される」という話を読みました。3歳までに性格の根底部分が形成されてしまうので、そこまでの育児がとても大切だという話です。私は中学生ですが、自分の性格がとても嫌いです。できれば自分の性格を変えたいと思っているのです。でも、3歳までに性格が形成されてしまうのであれば、もう手遅れなのかなと悲しい気持ちになってしまいます。これから性格を変えることはできるのでしょうか。 （女性◎14歳）

A 性格とは何が形成されることなのか。

幼い頃の環境が重要であるのは間違いありません。また、性格に遺伝が少なからず影響を与えることも、これまでの研究から明らかです。また、性格がそんなにコロコロとは変化せず、ある程度は時間を経ても安定していることも研究で示されています。その一方で、性格が年齢とともに生涯にわたって変化していくことも、これまでの研究で明らかにされているのです。どうでしょうか。混乱してしまうでしょうか。何が重要かというと、これらの研究知見をどのように考えるのが適切かという問題なのです。

　では、わかりやすいように身長と体重で説明してみます。性格と身長や体重ではずいぶん違うもののように思うかもしれませんが、現代の心理学では性格も身長や体重のように量で表現します。「明るい人」と「暗い人」がいるのではなく、「明るさ」の程度が様々にあって数直線状に量で表現され、明

気分・性格 **8**章

るさが少ない人を「暗い人」と言うのだという考え方です。また、身長や体重以外にも人間の身体の大きさの表現方法があるように、「明るさ」以外にも数多くの性格の数直線があるとイメージしてください。

さて、幼い頃の栄養状態が身長や体重に影響を及ぼすのは間違いありません。第二次世界大戦後の食糧不足の時期よりも、栄養価の高い食糧が豊富に手に入る現在の子供の方が、身長も体重も平均値は大きくなっているからです。同じように、生活スタイルの時代的変化も、子供たちの性格に影響を及ぼす可能性があります。次に、身長や体重に対して遺伝が影響することも確かです。両親の体が大きければ、子供の体も大きくなる確率は高くなります。もちろん、小さな体の両親から大きな体を持つ子供が生まれてくる可能性もあります。これは確率の問題なのです。

また、身長や体重は、年齢とともに変化していきます。身長は児童期、青年期を通じて伸びていきますし、体重も増加していきます。ただし、身長がよく伸びる時期や止まる時期には個人差があります。体重に関してもある程度は増加していきますが、思春期・青年期になると体重の増加を気にして食事を制限する人もいます。すると、体重の増加は止まりますし、ある程度自分で体重をコントロールすることもできます。ただし、体重を自分でコントロールできるからと言って、どんな体重にもなれるわけではありません。いくら食べても体重が増えない人もいますし、ダイエットをしてもなかなか体重が減らない人もいます。しかも、その増減には時間がかかります。ダイエットをしたら1週間ですぐに痩せる、というわけではありません。身長に関しては増やしたり減らしたりすることは難しいですね。身長は自分でコントロールするというよりも、遺伝とより大きな範囲の環境（家庭や地域、国全体の影響状態）に左右されると考えられます。

さて、性格も同じようなものだと考えてはどうでしょうか。幼い頃の環境も影響しますし、時代背景も影響します。遺伝も影響しますし、年齢にともなっても変化していくのです。そして、自分で環境を選択することで変化する可能性もあります。なぜなら、性格の遺伝率は身長や体重よりもはるかに少ないと見積もられているからです。 （回答者：小塩真司）

> **一言アドバイス**
> 性格は変化し続けます。

129

兄と性格が違うのはなぜですか？

私には兄がいます。2歳違いの私は、幼い頃からよく兄と比べられてきました。兄は外向的で明るく、友人も多く充実した学校生活を送っているようです。それに対して私はどちらかというと内気で、一人で自分の部屋で過ごすことが多い人間です。同じ親から生まれてきたのに、こんなに正反対の性格になるものなのでしょうか。

（男性◎16歳）

A 似ている・似ていない。

性格は「外向的」か「内向的」かという類型で表現されるものというよりは、極端な外向性と極端な内向性を両極とする連続体として表現されるものです。このような連続体を性格特性と言います。外向性—内向性は一つの性格特性ですが、他にも数多くの性格特性があり、全体としてそれぞれの人となりを表現しています。

では、この「外向性」を例に、性格の遺伝について説明してみたいと思います。

連続的に変化する特性の遺伝は、図3のように模式的に表現することができます。ここで、白い丸はより外向性方向に影響する遺伝子、黒い丸は内向性方向に影響する遺伝子です。父親は10分の5が白丸ですので遺伝的には外向的でも内向的でもない中間程度の遺伝状態を持っています。母親は10分の7が白ですので、どちらかというと外向的な遺伝状態の持ち主です。

さて、両親から子供に遺伝子が伝わっていくのですが、遺伝子はペアとなっている一組のうちランダムに片方が生殖細胞に入ります。これを減数分裂といいます。子供は、父親と母親から半分ずつの遺伝子情報を受け取るということです。

問題は、ここでの遺伝情報の受け取り方です。父親の左右の丸のペア、母親の左右の丸のペアのうち、片方だけが子供に受け継がれます。すると、遺伝情報を受け取った子供のうち10分の3しか白がないパターンから、10分の9が白のパターンまでのバリエーションが生まれます。遺伝状態のバリエーションは、父親の内向性よりもずっと内向的なパターンから、母親の外向性よりもずっと外向的なパターンまで、思った以上に広い範囲にわたるのです。もちろん一番確率が高いのは、父親と母親の中間である10分の6が白というパターンです。しかし、生まれてくる子供がどのような遺伝状態で生まれてくるのかは、両親にも予測がつきません。そしてきょうだいであれば、この幅広いバリエーションのうち両極端なパターンをそれぞれ持って生まれてくることも十分にありえるのです。

加えて、あくまでもこれは遺伝だけの話です。性格の形成には遺伝が約5割、環境が約5割の影響力をもちます。そして、その5割の環境の影響のうち大部分は、家庭環境ではなく個々人が独自にもつ環境の影響だと推定されています。つまり、同じ家庭に育つから同じような性格になるという効果は、ほとんど研究で見出されていないのです。同じ家庭に育っているとしても、きょうだいそれぞれは各自が別の環境を持っています。その個別の環境が性格に大きな影響を及ぼすのです。このように考えてみれば、きょうだいで性格が違っても不思議ではありません。

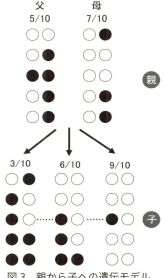

図3　親から子への遺伝モデル
（出典：安藤寿康(2000)『心はどのように遺伝するか』講談社.）

（回答者：小塩真司）

一言アドバイス　きょうだいで性格が違うのは不思議なことではありません。

いいかげんな性格を変えたいです。

自分はいいかげんな性格をしています。レポートは締め切り直前にならないとやる気が起きません。テレビを見てつい夜更かしをしてしまい、午前中の授業は休みがちになってしまいます。就職活動を控えて、このままの自分ではいけないという気持ちが強くなってきました。このいいかげんでだらしない性格を、きっちりした性格に変えることはできないでしょうか。　　　　　　　　　　　　　（男性◎22歳）

性格よりも生活を見直す。

「サッカー日本代表は決定力が不足している」と言われたとき、どのような対策を立てることができるでしょうか。「決定力」と言われても抽象的で、どのような対策を立てればよいのかがよくわからないのではないでしょうか。決定力という言葉を使わず、具体的にこういう場面ではこの選手がこう動くべきだという話をすれば、対策が立てられます。何かの対策を立てる際には、抽象的なことを目標とするよりも、具体的なことを目標とした方が、対策が立てやすいのです。

一方、あまりにも具体的な個々の場面についての対策を立てると、二度と同じ場面が現れなくなるということもありえます。「この対戦相手でこの時間帯、この選手が出ているときには味方のこの選手がここに移動する」という対策を立てても、将来二度とその場面は訪れないかもしれませんし、対策が膨大なものになってしまいます。細かすぎるその場面限定の対策は、たい

して役に立たないということにもなりかねないのです。何かの対策を立てるときには「ちょうど良い抽象度」であることが重要なのです。

このように考えてくると、まずは「いいかげんな性格を直したい」と考えるよりも「この課題をしなければいけないのだけれど、どうすればいいか」と、より課題に即して考える方が良いように思われます。たとえば、レポートの締め切り日があるとき、そこから何日前にどこまで取り組んでおくか、より具体的に計画を立てて予定表に書いてみましょう。「この課題をやったことがないからよくわからない」と思うかもしれませんが、これまでに取り組んできた自分の時間のかけ方や、友人との遊び等も考慮に入れて、どれくらいの時間がかかりそうなのかを予想してみましょう。

計画は、毎日取り組める範囲で立てましょう。無理な計画を立てるのはやめた方が無難です。「締め切りギリギリになった方が良いレポートが書ける」と考えるかもしれませんが、そう考えるのは誤りです。締め切り前に完成させ、見直す余裕をもたせておきたいものです。

具体的な課題に対する計画を立てるのは、それほど難しいことではありません。より取り組むのが難しいのは、比較的先の方に締め切りが設定されていて、これまで取り組んだことがないような課題が求められている場合です。典型的なのが、大学の卒業研究ですね。多くの大学教員が「なぜうちのゼミ生はいつまでたっても取り組んでくれないのだろう」と不思議に思っているのではないかと思います。しかし、そもそもこのような課題はいつ頃何をするかという目標設定が難しいものなのです。ですから、このような課題の目標を立てて実行する際には、教員のサポートが必要です。

また、目の前の課題をどうこなすかを考えるだけでなく、「なぜそれをするのか」という高次の意味を考えることも重要です。このような抽象的な目的を考えることで、動機づけが継続する可能性もあります。

さて、このようにうまく目標を設定し、課題をクリアするという経験を繰り返していくと、いつの間にか「自分はいいかげんな性格だ」とは言わなくなっていくのではないでしょうか。まずは、自分のできるところから始めてみてはどうでしょう。

（回答者：小塩真司）

一言アドバイス

生活の中で目標をうまく設定することを考えてみよう。

自信がもてません。

昔から、自信がないので人前でもうまくふるまえず、あとでもっと落ち込んでしまいます。人が自分のことを話題にしているのではないかと思うとその場を離れたくなります。きっと良くないことが起こるだろう、うまくいかないだろうと想像してしまうので、何かに取り組むことも躊躇（ちゅうちょ）してしまいます。もっとポジティブな考え方ができればどんなにいいかと思います。どうしたらポジティブな自分になることができるでしょうか。

（男性◎21歳）

A ポジティブの中身。

　一口に「ポジティブ」と言っても、いくつかの中身があります。第一に、自分自身が全体的に良い状態にあると考えることです。「自分に満足している」と考えることです。これを自尊感情と言います。第二に、将来を肯定的に予測するか否定的に予測するかという考え方があります。前者を楽観性、後者を悲観性と言います。「きっとうまくいくだろう」と考えることが楽観性、「きっとダメだろう」と考えることが悲観性です。第三に、ある課題や目標が達成できそうだと予想することです。「きっとやり遂げられるだろう」と考えることです。これを自己効力感と言います。

　自分に対するポジティブさである自尊感情には、「高さ」と「不安定さ」の要素があります。不安定さをもたらす理由の一つは、出来事によって揺らぎやすいという側面が自尊感情にあることによります。これを自尊感情の随伴

気分・性格 **8**章

性と言います。人間関係や勉強場面など、自分が重要だと考えている場面での成功や失敗によって、自尊感情は揺れ動きやすいものです。しかし、うまくいくイメージが積み重なれば、その揺れ動きは少なくなっていきます。良いイメージを蓄積することが安定した自尊感情をもたらします。

　楽観的・悲観的な考え方も、中身が分かれます。まず、これまでうまくいってきたか、うまくいかなかったのか、これまでの状態を評価してみてください。次に、将来うまくいきそうか、うまくいかなさそうか、将来を評価してみましょう。将来をポジティブに捉えることは楽観性ですが、これまでうまくいっていることに裏付けられていれば現実的な楽観性だといえます。しかし、これまでうまくいかなかったにもかかわらず将来をポジティブに捉える場合には、非現実的楽観性と言います。また、将来をネガティブに捉えることは悲観性ですが、過去も将来もネガティブに捉えることを一般的悲観主義、過去がうまくいっているにもかかわらず将来をネガティブに捉えることを防衛的悲観主義といいます。たとえ楽観的な考え方であっても非現実的な楽観性は「無謀な考え方」です。また、ネガティブな考え方であっても防衛的悲観主義は、「もしかしたらうまくいかないかもしれないから準備をしよう」という対処への動機づけにつながります。

　自己効力感は基本的に、特定の課題に対して行動できそうだという可能性を認知することです。楽観性が将来良い結果が生じるだろうという予想だとすれば、自己効力感は良い結果を生み出すために必要な行動がどれくらいうまくできそうかを予想することです。自己効力感は、積極的な行動を生み出すポジティブさだと言えるでしょう。

　しかし、ポジティブであることが絶対的に良いというわけではないことを知っておく必要があります。悲観的に考えても、それが準備や対処につながるのであれば、それはむしろ非現実的に楽観的に考えるよりも良い結果をもたらします。自己効力感にしても自尊感情にしても、それらを高めるには自分が何を成し遂げたか、何に成功したかを考えてみることが重要です。非現実的にポジティブに考えるよりも、自分が頑張ったことを思い返してみてはどうでしょうか。

（回答者：小塩真司）

一言アドバイス ポジティブな考え方をすればすべてがうまくいく、という考え方自体を疑ってみよう。

おすすめ図書

○他人を見下す若者たち
速水敏彦（著）　2006年　講談社現代新書

他者を軽視することで、自分は人よりエライと思おうとする心理が書かれています。「自分以外はバカ」と考える風潮が気になる方への一冊。

○こんな私が大嫌い！（よりみちパン！セ）
中村うさぎ（著）　2011年　イースト・プレス

自己嫌悪する自分を真剣に見つめた人だから書ける価値ある一冊。自己嫌悪、自己愛、そして到達した自分とのつきあい方とはどんなもの？

○友がみな我よりえらく見える日は
上原 隆（著）　1999年　幻冬舎アウトロー文庫

傷つき、自尊心を回復しようとしている人たちの姿を描いた一冊。あとがきには“人はみんな自分をはげまして生きている”とあります。

○いい奴じゃん
清水義範（著）　2011年　講談社文庫

筆者曰く「さくさく読めて元気の出る“明朗青春小説”」。生きることはこわくない、自分を好きになっていい、と教えてくれます。

○日本人の9割が知らない遺伝の真実
安藤寿康（著）　2016年　SB新書

知能や学力、性格には遺伝も環境も影響します。そのうえで、教育にはどのような意味があるのでしょうか。考えながら読んでみてください。

○ネガティブな感情が成功を呼ぶ
カシュダン, T.、ビスワス＝ディーナー, R.（著）高橋由紀子（訳）2015年　草思社

ネガティブな感情は、すべて回避すべきだと考えがちですが、その機能や役割に目を向けると違った評価が出てきます。

○10代の脳：反抗期と思春期の子どもにどう対処するか
ジェンセン, F.、ナット, E. E.（著）野中香方子（訳）　2015年　文藝春秋

脳は子供の時期までに完成してしまうのではなく、大人になるまで変化し続けます。思春期の脳の発達について学んでみてください。

9章 恋愛

出会いがありません。

恋愛には憧れるのですが、出会いがありません。私の理想が高いのか、なかなかいいと思える人がいなかったり、いいなと思った人にはもう彼女がいたり、また誘ってほしい人からは誘われないし、誘ってくれる人はイマイチだし、少しも思うようになりません。素敵な人と出会うにはいったいどうしたらよいのでしょう。　　　　　（女性◎21歳）

A 赤い糸は20本と考えると生きやすくなります。

同じような悩みをもつ青年たちはたくさんいます。しかしすべての人が理想の異性と出会い、おつきあいや結婚ができるようになるのでしょうか。私は、一般に考えられていることとは少し違いますが、赤い糸は1本ではなく、20本くらいあるのではないかと考えています[1]。これは人間が一生のうちに運命的にたった一人の異性と出会うという赤い糸1本説は異性選択を難しくしており、逆に一生のうちに出会う20人くらいの人とは、平凡ですが幸せな家庭を築くことができるという考え方です。赤い糸が1本であるという考え方と、20本くらいあるという考え方のいずれも科学的根拠のある話ではありません。どのように考えていたら生きやすいかという、プチ哲学のようなものだと考えてください。

　赤い糸が1本であるという思い込みを強くもっていた場合を考えてみましょう。結婚前に、もしくは特定の人とおつきあいする前に、もし、特別素敵ではない人から、告白されたとしましょう。そのときには「私の赤い糸は

1本よ。どうしてあなたなの」と考えて、パスしてしまう傾向が強くなりませんか。また特定の人と交際していたり、結婚した後、少し素敵な人が目の前に現れた場合、「あれ、私の選択は間違いだった？」と考えることも容易に予想できます。

　幸せに結婚できる相手は20人くらいいるというのは、私だけの考えではなく、経験豊かな青年心理学者たちの直感なのですが、古くはトルストイの『アンナ・カレーニナ』の冒頭に「不幸はその家庭の数だけあるが、幸福は一様」とあるように、幸せとは特別なことではなく、自分に「ちょうど良い」相手とちょうど良い人間関係を築くということを意味しています。この「ちょうど良い」というのは、人生観や価値観や経済観念がほぼ一致していることを意味しています。では、まず結婚前に赤い糸が20本くらいあるということを想定してみましょう。そうすると一生のうちだいたい2、3年に一人は「ちょうど良い」人と出会っていることになります。そしてその相手は、20人いるうちの一人ですから特別に魅力的というわけではありません。このことを意識していると、そのとき出会った相手について「もしかしたらこの人かもしれない」という意味から出会いを大事にできると考えられます。また結婚後に配偶者以外の少し素敵だと思える人と出会ったとき、赤い糸が1本だと思っていると自分の選択が間違いと考えてしまいますが、20本と考えていると、20人のうちの一人とたまたま出会ったと考えることができます。残念ながら一度に結婚できるのは一人だけですので、結婚してからのお互いの歴史は、結婚した相手としか共有できません。したがって新しい相手に乗り換えたとしても、またその歴史をゼロから始めなければなりません。さらに重要なことは、そこで手に入れることのできる幸せの程度は前と同じ一様のものだということがわかっていれば、相手を変える必要も限りなく小さいものになり、一人の人を大切にしようという意識も強くなります。

　安心してつきあうことのできる自分にちょうど良い人、という観点でもう一度周りの人について考えてみませんか。一般に考えられているように、運命的な白馬の王子様が突然向こうから現れるのではなく、結局は自分が選んだ人が運命の人になるのです。

（回答者：大野　久）

一言アドバイス

出会いは考え方次第で広がります。一度考え直してみましょう。

相手の束縛がきつすぎます。

最近、初めて彼女ができました。初めの頃はうれしくて舞い上がっていたのですが、半年くらい経って、相手の束縛がきつくて困っています。日々の連絡はLINEでしているのですが、すぐに返信しないと怒られるし、既読スルーなどありえません。また他の友達と会うことについても、女友達ならともかく、男友達と会うといっても、機嫌が悪くなってしまいます。彼女のことを可愛くて好きだと思っている気持ちは変わりないのですが、このまま何年もこういう状態でつきあい続けることに自信がありません。若いうちの恋愛はこんなものなのでしょうか。また、うまくつきあい続けるにはどうしたらよいでしょうか。

（男性◎19歳）

A 青年期の恋愛は、「アイデンティティのための恋愛」。

青年期の恋愛については、以下のように説明できます[1]。人格発達のプロセスで、青年期はこれからの自分の生き方に関する「自覚、自信、自尊心、責任感、使命感、生きがい感」であるアイデンティティの問題に集中しており、一時に使える精神的なエネルギーを10と仮定するならば、自分のことに9のエネルギーを使っていて、相手のためには1のエネルギーしか使えない。しかし成人になるに従って、自分の生き方に関する問題は徐々に解決されていき、最終的には、自分の問題に多くのエネルギーを使う必要がなく、相手のことに9のエネルギーを使うことができるようになる

恋愛 **9** 章

と考えられます。青年期は「自分のことで頭がいっぱいで相手のことまで考える余裕がない」のに対して、成人期、老年期になると「孫は目に入れても痛くないほどかわいい」に変化していくということです。

この中間段階、まだアイデンティティの問題が解決していないのに、1対1の人間関係である異性交際を始めると、相手に優しくしてあげたい（相手にエネルギーを使いたい）のに、自分のことでいっぱいいっぱいでそれができないという葛藤状況に陥ります。こういう状態を私は、「アイデンティティのための恋愛」[1]と呼び、交際の中で①相手からの賞賛、賛美を求めたい（ほめられたい、好きだと言ってほしい）、②相手からの評価が気になる（どう思う？　格好良かった？　と聞きたい）、③飲み込まれる不安を感じる（気まずい沈黙が流れる、相手に取り込まれて自分がなくなるような気がする）、④相手の挙動に目が離せなくなる（LINEのチェックが厳しくなる。昨日何してたの？　と頻繁に聞く）、⑤結果として交際が長続きしない（相手が重たくなった、相手の期待に応えきれなくなった）という特徴を指摘しています。

この現象の背後には、彼、彼女の存在を自信の拠り所、つまり、アイデンティティを補強するための手段として使いたいという心の動きが潜在的にあると考えられます。つきあい始めてみると、お互いに交際によって得られる自信よりも、交際相手に気遣いしなければならないことで疲れてしまい、その結果、交際が重くなるというプロセスをたどりがちです。

まだお互い自分のアイデンティティに十分な自信がもてないので、相手に気を使うのは無理というのは自我発達上当然なのですが、こうならないための秘訣もお教えしましょう。まずお互いに相手を問い詰めないこと、お互い見つめ合うような関係を物理的にも心理的にも避けること。熟練のご夫婦は、自動車の運転席と助手席のようにお互いに同じ方向を見て生きています。若い頃のデートも共通の関心をもてることに二人で取り組む、そしていわゆる「思い出づくり」と言われるような共通体験を増やしていく。そのことで自ずと二人の絆が深まっていきます。またゆっくりとお互いがお互いにエネルギーが使えるような状態、つまり心理的に大人になることを待つことが将来良い方向につながると考えられます。

（回答者：大野　久）

一言アドバイス　アイデンティティのための恋愛のメカニズムを知ると、つらい恋愛の対処法がわかります。

セックスについてどう考えたらよいのでしょう？

彼氏いない歴22年の私です。彼氏は欲しいのですが一つ悩みがあります。私はスキンシップまでは抵抗ないのですが、セックスは恥ずかしいし少し怖い感じもしてあまりしたいと思いません。雑誌などを読むと、過激な記事がたくさんあるし、友達の話でもつきあうこと＝セックスすることのように聞こえてきます。将来子供も欲しいのですが、セックスっていったい何なのかわからなくなってしまいました。セックスについてどう考えたらよいのでしょう。　　　　　（女性◎22歳）

A 幸福なセックスと不幸なセックスがあります。

　性に関する問題は、またいろいろな要因を孕（はら）んでいるために難しい問題です。私は、長年、恋愛に関するレポートを学生から収集し、学生が経験してきた様々な問題から、性に関して以下のような考察を行いました[1]。なお、近年の若者の性行動については、集団によっても違いますが、積極的に行動する青年たちと、逆に非常に消極的な青年たちに二極化している現状があるとされています。

　さて、第一に、性とは本来自然で当たり前で幸せなことを指摘しておきます。これは性に対して消極的であったり、ときに嫌悪感さえもっていたりする多くの若者に対するアドバイスです。愛し合っている二人が愛の結晶である次世代を残す営みが嫌悪すべきものであるはずもありません。自分自身の体の変化や性そのものも、新しい生命の誕生のための幸せなプロセスである

ことを受け入れることが大切です。

第二に、性に対して非常に積極的でときには遊びの延長線上として考えている若者たちへのアドバイスです。上述したように性は幸せで大切なことだから、遊びにしてはいけません。本来生命を育む営みである性に対して真面目に取り組むことが当然のことでしょう。生まれた子供の立場からすると、自分の生命のはじまりが親の遊びや不真面目なことでは許せません。

第三に、学生のレポートを読んでいると、妊娠については結婚前と結婚後で大きく状況が違います。結婚は単なる法律的な手続きで社会的儀礼にすぎないという考え方もありますが、現実問題として赤ちゃんの扱いは大きく異なります。結婚している場合、周りの人たちから祝福されますが、結婚していない場合は、大きな悩みの種になり、不幸の原因になり、ときには迷惑がられることさえあります。赤ちゃんたちには、親が結婚しているか否かは関係ないことであり、責任はありません。100％ 親の責任なのですから真剣に捉えるべき問題です。

第四に、ここまでの心配は赤ちゃんができたときの心配であり、避妊していて赤ちゃんができなければ問題ないと考えるかもしれません。しかし医学的な報告からも、避妊していても妊娠する可能性があることは事実です。100組の健康なカップルが 1 年間コンドームを用いて正しく避妊をしていたとしても約 5 組（5％ 前後）は妊娠します。まして避妊していない場合は、特に若くて健康な女性の場合、一回の性交渉で 25％ 前後妊娠する可能性があります。若いうちは自分だけは妊娠しない、さらに避妊していれば絶対に妊娠しないと信じがちですが、それは誤解であることをよく認識してください。妊娠に関する学生のレポートでは、例外なく驚き、心理的な準備ができていないのでパニックになることが多く報告されています。お互いに社会的にも経済的にも赤ちゃんを産む準備ができていれば幸せな子育てにつながるケースでも、赤ちゃんを産むこともできず、二人が別れなければならないことも多々あります。セックスをするときには、妊娠する可能性が常にあることを考えて自分たちが人の親になる覚悟はできているかどうか真剣に考え、話し合うことが必要です。また正しい避妊の方法を学ぶこと、さらには心の準備ができるのを待つということも重要でしょう。　　（回答者：大野 久）

一言アドバイス　セックスは二人の幸せにとって大切なこと。簡単に考えないでください。

恋と愛の違いがわかりません。
何が違うのですか？

今までアイドルが好きとか、2次元が好きということはあったのですが、身近な人を好きなったことはありませんでした。ですが今回初めて、部活の先輩のことを好きになり忘れられなくなりました。これは恋なのでしょうか愛なのでしょうか。「恋は下心、愛は真心」と友達から聞いたのですが、恋は下心ではないと思います。人のことを好きになる、恋している、愛しているって、一体どういうことなんでしょう。よくわからなくなりました。教えてください。　　　　　　（女性◎17歳）

恋と愛の違いは
条件性と相互性にあります。

まず、「好き」と「愛」を比較してみましょう。「好き」は「緑色が好き」と同じ単なる好みです。したがって「ヘアスタイルが好き」などと好みゆえにすぐに好きか嫌いか判断できます。しかしある人物を愛しているかどうかは、「その人のことをよく知らないので愛してるかどうかわからない」という答えに象徴されるように、愛はその人全体が関わっている、全人格的なものが含まれています。日常では「恋愛」と言われるように二つは混じり合ったものですが、ここではあえて心理学的にその特徴を分けて考えてみましょう[1]。

初恋やファン心理に代表されるような「恋」は、「〜だから好き」というように好きな相手の条件をあげることができます。これを条件性と呼びます。条件ゆえにもっと条件の良い人に心変わりすることもあります。またどちら

かといえば自分の幸せを考えています。さらに一目惚れといわれるように好きになるのに時間はかかりません。また、ドキドキするといった身体現象も起きます。

　これに対して、母性愛、家族愛、成熟した恋愛、夫婦愛、職業やボランティアを通じての社会的な愛、さらには宗教的な愛に共通する「愛」の本質では、相手に条件を求めることもなく、まるごと全体の相手を愛します。またどちらかといえば相手の幸せを考え、時間とともに相手との関係は深まっていきます。さらにドキドキするといった身体現象も起きません。ドキドキすることを自分が相手を好きかどうかの判断基準にしている若者が多いようですが、ドキドキするのは恋と呼ばれるほんの短い間です。半年１年もたつとドキドキしなくなるのですが、これは当たり前のことで、ドキドキしなくなったからといって別れてしまうと、何人つきあっても結局は別れることになります。恋はやがて何年も続く愛へと発展していきます。したがって、ドキドキしなくなったということは、恋の段階は終わったけれど、愛の段階に入ったということなのでしょう。

　次に、愛の喜びについて考えてみましょう。恋人ができた場合、人が想像するのは相手から「愛される喜び」ですが、実は愛の本質は「愛する喜び」にあります。愛には「自分の取り分（時間や労力など）を愛する相手のために使い、相手が幸せになるのを見て、自分も喜びを感じる」（相互性）[1]という性質があります。親たちは子どもたちの笑顔で、子育ての苦労が報われます。愛する人のためにつくる料理は「おいしい」の一言で報われます。人が人を愛せるのは、愛する人のために自分が何か努力する。そのことで相手が幸せになる。それを見て愛する側も幸福になるというプロセスがあるからです。

　したがって、青年期の恋愛でも相手から自分を幸せにしてもらうことだけを考えるのではなく、自分が相手の幸せのために何ができるか考えることは重要です。その気持ちが通じて、お互いにお互いの幸せに配慮できるようになると二人の愛はより深まったといえるでしょう。相手に必要以上に条件を求めず、お互いの幸せのために、じっくりと愛を育てることを考えてください。

（回答者：大野　久）

一言アドバイス　恋と愛は、その中身がずいぶん違います。その違いを知って愛を大切に育てましょう。

恋愛は必要ないと思います。

私には今まで恋人がいたことはありませんし、欲しいとも思っていません。ですが、周りには、恋人がいる友達も少なくないので、食事とかにいくと、恋愛トークになることも多いです。そして、私が「恋人なんていらない」と言うと、友達からは「恋人つくった方がいいよ」「恋愛は必要だよ」と言われます。正直、恋愛を押しつけられているようで嫌な気分になります。恋愛って必要なのですか。しなければならないのですか。
（女性◎19歳）

A 必要ないと思うなら、無理にしなくてもいいですよ。

恋愛が必要かどうかと問われれば、必要ではありません。恋愛をしなくても、生き死にには関わりませんし、恋愛をすること以外にも楽しいことはたくさんあります。以前に比べ、恋人がいない青年や欲しいと思わない青年の割合も増えてきています。女性の社会進出が進み、男性に頼らなくても、女性一人で生活ができる社会状況にもなっています。ですので、あなたが恋愛をしたくない、必要ないと思っているのでしたら、しなくてもよいと思います。

　ただ、日本は恋愛というものに非常に価値を置いている社会です。そのため、恋人がいないこと、恋愛をしていないことには、いくつかのデメリットがあります。たとえば、恋人がいる人は恋人がいない人に比べて肯定的に評価される「恋愛ポジティブ幻想」があります[2]。反対に、恋人がいない人は

恋人がいる人に比べて、ネガティブな評価を受けやすい傾向があります。「性格が悪いんじゃないか」「コミュニケーションをとるのが下手なんじゃないか」など、実際にそうであるかは別として、そのような印象をもたれる可能性はあります。海外では、パートナーがいることが社会的信用に関する指標の一つになっています。恋人がいないということは、それだけで社会的信用を損ねる可能性があるのです。

　また、日本では、恋愛結婚が約90%を占めており、お見合い結婚は10%を下回っています[3]。実際、お見合い結婚といっても、出会ったきっかけがお見合いや結婚相談所だったというだけで、多くの場合、いきなり結婚をするのではなく、一定の交際期間を経て、結婚に至ります。つまり、結婚を考えるのであれば、どうしても恋愛をしなければならないといえます。

　先ほど書いたように、恋愛以外にも楽しいことはたくさんあります。ですが、恋愛には恋愛独自の楽しさがあり、それは友人関係や他の遊びなどでは替えることができない楽しさです。恋愛をするかしないかは個人の自由ですが、恋愛をしないということで、楽しみの選択肢の一つを経験できないという点はデメリットであるといえるかもしれません。もちろん、恋愛をすることにも、時間的・経済的・心理的なデメリットは生じますので、単純に楽しいことだけとはいえませんが。

　このように、恋愛をしないという選択をすることで、周囲から否定的な評価を受ける、結婚が困難になる、楽しみの選択肢が一つ減る、などのデメリットが生じます。それらを受け入れられるのであれば、恋愛は必要ないのでしょう。

　ただ、もしあなたに好意をもち、つきあいたいという男性が現れたら、無下に断らず、つきあってみるのもよいかもしれません。つきあってみて、やはり必要ないと感じたり、苦痛だと思ったりしたなら別れればよいだけですし、楽しければ、交際を続ければよいのです。「食わず嫌い」だったけど、経験してみると意外と楽しかったということは少なくありません。「恋愛は必要ない」と決断するためにも、そういう機会に恵まれたなら、一度恋愛を経験してみるのもよいかもしれません。

（回答者：髙坂康雅）

恋愛は必要だからするのではなく、楽しいからするものです。

どうせ私なんてモテるわけがありません。

周りの女友達にはみんな彼氏がいますが、私にはいません。彼氏が欲しいとは思いますが、私は可愛くないし、男性は振り向いてなんてくれません。どうせ、私はモテるわけないって思っています。女友達から男性も参加するイベントに誘われることもありますが、どうせモテないし、私が行ってもつまらないと思います。前に、告白めいたことをされたこともありますが、「どうせ、からかってるんでしょ。ゲームで負けた罰ゲームでしょ」と思ってしまいます。彼氏いない歴22年です。きっと彼氏ができる人は可愛くてモテる人ばかりなんですよね。

（女性◎22歳）

「絶対モテない自信」という否定的アイデンティティ。

「私はどうせ数学なんてできない」「どうせ私はひねくれっ子よ」などの否定的な自己定義のことを否定的アイデンティティと呼びます。一般的な「私は何々学校の生徒だ」「野球部のレギュラーだ」「もう20歳だ」などというアイデンティティは、自信やプライドの表現として、人間をポジティブな方向に動機づけますが、「どうせ私は〜」で始まる否定的アイデンティティは、これとは逆に人をネガティブな方向に動機づけます。

その代表的なものに「どうせ私なんて絶対にモテない」という自分に対するネガティブな評価・確信である「交際、恋愛に関する否定的アイデンティティ」（通称「絶対モテない自信」）があります。毎年レポート分析していると、

恋愛 **9**章

数多くの青年たちが「絶対モテない自信」について記載しています。その特徴として、①自分に対するネガティブな評価・確信をもつ（「どうせ私になんて異性は振り向いてくれるわけがない」）、②外部からのポジティブな評価をされてもそれを拒絶する（「彼に告白されても『どうしてこんなブスを好きになるの？』としか考えられなかったんです」）、③否定的アイデンティティゆえの悪循環となる（「『どうせ私はデブだし』と開きなおるというかヤケになっていました」）、④自己防衛的な態度をとる（「私は男の子に対しても、女の子に対しても、相手が今私のことをどう思っているのか、とても気になります。そしてとても不安になります。そのためか、特に私は男の子を寄せつけません」）、⑤告白されてもふってしまうような行動をとる（「中学の時も高校も、短大でもつきあってくれと言われることはわりとありました。でも、もしかしたらからかわれてるのかも、とか誰にでも同じことを言っているんじゃとか、自信がないゆえに断ることばかりでした」）があげられます。この現象で大変興味深いことは、事実レベル、行動レベルで実際に告白されているのに、「私はモテない」というアイデンティティのために、モテているという現実を否定してしまうという本末転倒な現象が起きていることです。告白に至らない場合でも、異性とのコンタクトができそうなイベントに誘われても「行かない！　だってあたしが行ってもモテるわけないんだから」とその可能性さえも否定してしまうことがあります。

　では、どうしてこのような現象が起きるのでしょう。ある学生は「待ち合わせの場所までは行ったのですが、帰ってきてしまいました。とにかく嫌われるのが怖かったのだと思います」と述べています。自分が傷つくのを恐れるがゆえに心理的な鎧を着こんでしまう、このことを「性格武装」と呼びます。たとえば誠実な男性が半年も悩んだ末の大変勇気のいる告白を、「からかってるんでしょ」の一言で拒絶してしまうような残酷な仕打ちをしているかもしれません。また、138 〜 139 ページで指摘したように、誰もが羨む理想的な相手ではなく、自分にとってちょうど良い、価値観のあう居心地の良い相手が望ましいことを念頭に置いて、周りの人間関係を見直してください。案外近くにそういう人がいるかもしれません。

（回答者：大野 久）

一言アドバイス　自分が過剰な否定的アイデンティティをもっていないか考えてみましょう。

Q 自分のことで精一杯で彼女のことまで考えられません。

つきあい始めて1年半くらいの彼女がいるのですが、最近、彼女の「もっと会いたい」などのお願いに応えられない自分に悩んでいます。もちろん彼女のことは好きなのですが、どうしてもやらなければならないことがあり、そちらを優先してしまいます。最近彼女のことを「重い」と感じるようになり、悩んでいます。また、彼女の希望を叶えられない自分にも罪悪感をもってしまいます。好きなのですが別れた方がよいのでしょうか。　　　　　　　　　　　　（男性◎21歳）

A アイデンティティのための恋愛への対処法。

青年期の異性交際の中で「自分のことで頭がいっぱいで、相手のことまで心配できない」「相手に優しくできない」などの現象は、140～141ページで紹介した「アイデンティティのための恋愛」の典型的なものです。特に、自分のアイデンティティの問題に集中してしまい、相手に配慮できないという傾向は、男性に多く現れるものでした。これに対して女性は、青年期から自分のことと相手のことを同じくらいに考えることができる傾向がありました。これは、エリクソンのいう青年期の発達主題であるアイデンティティから初期成人期の主題である親密性（人と本当に仲良くなる能力）への移行の形態が男女で違うからと説明されます[1]。男性は青年期にアイデンティティの問題に集中して悩み、それが解決すると、関心が急に親密性に移行するという傾向があります。それに対して、女性は青年期からアイデンティ

ティと親密性の発達が同時進行し、自分のことも心配するけれど同時に同じくらい彼のことも心配するという傾向があります。したがって青年期の恋愛では、男性の方が女性に比べて、自分のことばかりを優先してわがままに見え、女性の方が相手に気遣いを多くしているように感じます。しかし、男性もアイデンティティの問題が落ち着く、結婚後はじめての子供が生まれるなどのタイミングで、急にマイホームパパになるというような現象も少なくありません。したがって男性を見る場合、こうした長いスパンで考えることも必要です。ところで、こうした男女の発達が最近では逆転しており、女性が青年期には自分の問題に集中して相手のことより自分のことを優先する傾向が強くなっているという指摘もあります。

改めて「自分のことで精一杯で、相手のことまで考えられない」という悩みについて考えてみましょう。これは相手のことが嫌いだからそう感じるのではなく、自分の使える精神エネルギーのほとんどを自分のために使わなければならず、相手に使う余裕がないという表現です。同時に、相手に優しくしたいのだけれどもできないという罪悪感の表れでもあります。それが「まだ好きだけれど、つきあっていることが辛くなった」「重くなった」という表現に現れます[1]。したがって、アイデンティティの問題は解決し、心理的に余裕が出てくれば相手に優しくできると考えられます。「自分のことで頭がいっぱい」という悩みについて、過度な罪悪感をもつ必要はありません。いわば、青年期では仕方がないことなのです。また、アイデンティティのための恋愛を青年期の恋愛でほぼ半数以上の人たちが経験するというデータもあります[1]。

最後にこうした現象についての対処法について紹介しましょう。まず「自分の問題で頭がいっぱい」の方は、まず優先的に自分の問題に取り組むことです。自分の問題を解決することが、すなわち二人の関係を良くすることになります。次に相手がその状態に入っている方については、相手がその問題が解決できるまでじっくり待つ。見守ってあげることが相手を安心させ、問題の解決を早めます。さらにこうした問題を突き詰めて相手を責めるよりも、二人の思い出となるような共通体験をもつことが二人の関係性を高めます。

(回答者：大野 久)

おすすめ図書

○**耳をすませば**

柊あおい（原作）近藤善文（監督）　1995年　スタジオジブリ　【映画】

図書館の図書カードに書かれた名前だけしか知らない相手への中学生のあこがれと初恋。恋する心情がよく描かれています。

○**男はつらいよ：寅次郎相合い傘**

山田洋次（監督）　1975年　松竹　【映画】

純粋な寅さんの恋愛と別れを描いた喜劇映画。数ある寅さんの恋愛の中で数少ない寅さんから身をひく物語。

○**三四郎**

夏目漱石（著）　1990年　岩波文庫　【小説】

明治時代の大学生の恋愛。女性に翻弄されるきまじめな青年。かつての青年も現代青年も恋愛に悩む姿は同じようです。

○**マディソン郡の橋**

ウォラー, R. J.（著）村松 潔（訳）　1997年　文藝文庫　【小説】

中年期の純愛。表面的には不倫なのだけれど、相手の幸せ、家族の幸せを願い、別れる二人の心情を考えてみてください。

○**愛するということ（新訳版）**

フロム, E.（著）鈴木 晶（訳）　1991年　紀伊國屋書店

第3勢力の心理学者エーリッヒ・フロムが「愛」について正面から取り組んだ理論書。愛についての数ある考察の中で随一の内容をもっています。

○**マザーテレサ　あふれる愛**

沖 守弘（著）　1984年　講談社文庫

マザーテレサの宗教的愛。しかし、母性愛、家族愛、恋愛、夫婦愛、友愛、社会的な愛などに共通する愛の本質のヒントになります。

○**魂の療法：ワイス博士の人生を癒すメッセージ**

ワイス, B. L.（著）山川紘矢・山川亜希子（訳）　2001年　PHP研究所

死後の世界、宗教、神の愛についての考察。先入観から離れ自由な視点から読むと、愛の本質、宗教の本質に迫ることのできる名著。

10章 身体

もっとやせて憧れのアイドルのようになりたいです。

モデルになりたいわけではないのですが、もっとやせたいです。○○ちゃん（女性アイドルグループのメンバー）にあこがれていて、髪型やファッションを真似しているのですが、体型のせいでどうしても○○ちゃんに近づくことができません。兄には「L版○○ちゃん」とか「○○えもん」（ドラえもんをもじって）などとからかわれています。それが同じクラスの男子にも広まってしまい、笑ってごまかしているけど、すごく嫌です。もっとやせて本当に○○ちゃんのようになりたいです。

（女性◎14歳）

A もっとやせることによって○○ちゃんになれますか？

あなたは自分のことを「太っている」と認識しているのだと思いますが、そのような自分の身体に関する意識をボディ・イメージといいます。このボディ・イメージに対する満足度の低さや、実際には太っていないにもかかわらず太っていると認識してしまうような歪んだボディ・イメージは、青年期においてしばしば問題になります。女性の場合は特に、皮下脂肪が増えるといった二次性徴にともなう実際の身体的な変化と、やせていることに価値を置く社会・文化的な価値観が矛盾するからです。ボディ・イメージに対する満足度の低さや歪んだボディ・イメージが、自己評価の低さや対人不安傾向の高さと関連しており、摂食障害傾向にもつながる可能性があることが指摘されています[1]。

身体 **10**章

一言アドバイス

自分ではない何者かになろうとしていませんか。あなたの中にすでにある輝きに気づいてください。

　摂食障害とは、食べ物を食べなかったり食べたものを嘔吐したりすることによって、体型や体重をコントロールしようとする心の病気です。飲酒・喫煙、薬物乱用や自傷行為などとともに「故意に自分の体を傷つける症候群」として論じられることもあります[2]。自分が病気であるという認識（病識）がない場合もあり、死に至る可能性のある病気です。「もっとやせたい」からはじまった単なるダイエットが、いつの間にか「太ることへの恐怖」に変わっていく場合があるのです。ダイエットによる飢餓状態が続くと、頭の中は常に食べ物のことでいっぱいになり、過食・嘔吐の無限ループにはまり込むと、もはや日常生活が食べ物に支配されている状態です。ここまでくると自分の力だけでその連鎖を断ち切るのは難しい状況にあると言えます。早めに専門家に相談することが必要です。

　「もっとやせたい」「もっと顔が小さくなりたい」「もっと目が大きくなりたい」「もっと肌がきれいになりたい」……あなたの質問の背後には、実はたくさんの「もっと～だったら」が潜んでいます。今は「やせさえすれば○○ちゃんに近づける」という気持ちかもしれませんが、実際にダイエットをしてやせると、今度は他のことが気になりはじめるのではないでしょうか。「○○ちゃん」になるにはあれが足りない、これが足りないと。あなたは自分ではない「○○ちゃん」になろうとして、一生懸命になっているのではないでしょうか。しかも「○○ちゃん」と違う部分を見つけては自分にダメ出しをするのです。この場合の「○○ちゃん」を「理想化された自己」、ダメ出しされている自分を「真の自己」といい、「理想化された自己」を追い求める限り、「真の自己」は嫌悪の対象になることが指摘されています[3]。なぜなら「理想化された自己」に比べると「真の自己」は常に劣った存在だからです。自分ではない「○○ちゃん」になることを目標にして突っ走ってしまうと、本当の自分を見失ってしまいますよ。お兄さんや男の子たちに対しても、やせて見返してやる！　という対抗的な態度ではなく、あなたが本当にそう言われるのが嫌だという気持ちを伝えてみてもよいのではないでしょうか。あなたが笑っているので、ウケた！　と思っているのかもしれません。もうあなたも14歳です。自分の本当の気持ちを人に向かってきちんと言えるようにしていきませんか。

（回答者：三好昭子）

155

外見のせいで恋人ができません。

僕には恋人ができません。僕は、背が低く、毛深いことがコンプレックスです。こんな外見の僕とつきあおうと思ってくれる女の子はいないです。どうしてこんな体に生まれてきてしまったのか、背が高くて、毛深くなければ、恋人もできて楽しい生活が送れたのに、いつも思っています。こんな僕の考えは間違っていますか。（男性◎16歳）

A 恋人ができない言い訳を探すのはやめましょう。

　最初に厳しいことを言うようですが、あなたの考えは間違っています。世間には、背が低くても、毛深くても、イケメンじゃなくても、恋人がいる人、結婚している人はたくさんいます。背が低いことも、毛深いことも、恋人ができるかどうかの決定的な原因（決め手）ではありません。恋人ができない原因は他にあります。ただあなたは、恋人ができない原因を、わかりやすい身体の部分に押しつけているだけです。

　確かに外見は、好意をもつ／もたれるうえで重要です。外見が良い方が第一印象は好意的なものになり、多くの人から注目・関心をもたれやすいものです。ですが、通常は、そこから挨拶をしたり、会話をしたりします。好意をもってもらい、実際に恋人関係になるうえでは、外見よりも会話などのコミュニケーションの方が重要になってきます。多くの人が、外見も考慮していますが、それ以上に、話が合う人か、共通の趣味があるか、話をしていて面白いかなど、コミュニケーションを重視しています。

身体 **10**章

　あなたは自分の背が低く、毛深いから、どうせ異性からモテない、自分に好意をもってくれる人なんていない、と決めつけていませんか。ですが実際は、外見が良くないから好意をもってもらえないのではなく、「どうせ好意をもってもらえない」と思って、コミュニケーションをおろそかにしているから恋人ができないのです。「どうせ好意をもってもらえない」と思っていれば、積極的に話しかけることもしないでしょうし、声をかけられても笑顔は見せず返事もしないでしょう。それでは、肝心の挨拶から一歩進んだ内容のある話には至らず、相手との共通点を見つけられませんし、相手を楽しませる話もできないでしょう。そして結局は、「やっぱり好意をもってもらえなかった」と落ち込むことになります。

　また、自分の良くないところ（欠点・短所）ばかりに注目していませんか。自分の良くないところを並べて、「こんな僕ですけどつきあってください」と言っても、誰もつきあってはくれません。誰にでも良くないところがあるように、誰にでも良いところはあります。自分で自分の良いところが見つけられないなら、親や友達に聞いてみてください。自分で良いところをつくることもできます。背を伸ばすことはできなくても、人にやさしくすることや、何かに一生懸命取り組むことはできます。「自分にはこういう良いところがあるので、つきあってください」と言っても、恋人ができるとは限りませんが、良くないところを並べ立てるよりは可能性はずいぶんと高くなるはずです。

　自分の良くないところを探して、恋人ができないことの言い訳に使うのはやめましょう。そんなことをしていても、恋人はできません。自分の良いところを探して、積極的にコミュニケーションをとりましょう。自分の良いところをアピールしたり、共通の趣味や話題を見つけたり、ユーモアを交えて楽しいおしゃべりをしたり。そして、あなたが好意をもったら、告白などの行動に移しましょう。恋人は待っていてできるものではありません。好意をもってもらうのを待つのではなく、好意をもってもらえるように、恋人になってもらえるように、行動を起こすことが大切なのです。

（回答者：髙坂康雅）

一言アドバイス　「悪いところ」探しはやめて、「良いところ」探しをしてみましょう。

Q いつか自分の顔を好きになれるでしょうか？

いつの頃からなのか、自分の顔がキライです。顔が変われば、人生も変わるような気がするので、プチ整形や整形手術をしてみたいのですが、いろいろ考えてしまい、踏み切れません。いつかは自分の顔を好きになれるのでしょうか。　　　　　　　　　　（女性◎21歳）

A 年をとることで変わっていくと思います。

顔は多くの人にとって悩みのタネです。高名な哲学者のあの人も、スーパースターのあの人も、自分の顔について苦悩していたことが知られています。顔はまるでお店の看板のように、外に対して、人に対して向けられています。胸や脚なら隠すことも容易ですが、顔となるとそうはいきません。マスクなどで隠してみても、不自然にならないようにしないと逆に人目を引いてしまいます。何か隠したいコンプレックスがあるのだろうと見透かされたり同情されたりするのもうれしくありません。

隠すほかにも、見た目を変えるためには化粧やヘアメイク、笑顔や豊かな表情のためのトレーニング、ダイエット、身体にメスを入れないレベルのプチ整形、美容外科手術など、いくつか方法があります。また、内面（こころ）を磨くことで外見が変わることもあるでしょう。表情や雰囲気は自信によっても変わります。顔のパーツだけで決まるものではありません。

中学・高校のときに容姿・容貌に対する劣等感を感じていたかを20～40歳の成人に尋ねた研究では、79％もの人が劣等感を感じていたことが報

告されています[4]。しかし、今はどうかと尋ねると、中学生・高校生のとき
に比べて感じなくなった人が38%、今はほとんど感じなくなったという人
が55%でした。そうなれた理由は、顔やスタイルが重要ではなくなったか
ら（54%）、自分の顔やスタイルをほめてくれたりプラスに捉えてくれたり
した人がいたから（40%）、努力して顔やスタイルを変えたりカバーできた
りしたから（39%）、などでした。容姿・容貌に対する劣等感の解決には、
①自己の努力で劣性を克服する、②人から承認してもらえた経験によって劣
等感が解消される、③時間の経過によって劣性自体が変化する・自分にとっ
て劣性が問題ではなくなるという三つがあることが指摘されています[4]。顔
に対する意識、自己に向かう関心はやがて薄れていきます。自分の顔がキラ
イだという悩みは、中年期に入る頃にはおおむね解決済みになっていると思
われます。

　また、身体醜形障害（醜形恐怖症とも言い、自らを醜いと思い悩む病理）[5]
も発症のピークが15〜19歳であり、きわめて思春期・青年期的な症状と
されています。身体は自己の基盤を与えるものでありながら同時に自分の思
うようにならない存在であるとされ、容姿の悩みは理想とのズレという点で
は自分自身の悩みであるが同時に対人関係上の悩みにもなるという二重性が
指摘されています[5]。

　顔に対する劣等感も、醜形恐怖と呼ばれる病態も、先天的あるいは後天的
な症状に基づく「見た目問題（見た目に症状を持つことで生じやすい問題）」[6,7]
も、ここにある自分をどう受け入れるかという点に帰着するように思います。
「私にお与えください / 自分に変えられないものを受け入れる落ち着きを /
変えられるものは変えてゆく勇気を / そして二つのものを見分ける賢さを」

　これはニーバーの祈り[8]と呼ばれる詩です。変えられそうなものについて
は、変える努力をして闘ってみるのがよいでしょうし、変えられないものに
ついては、受け入れる努力をしていけばよいのではないでしょうか。

　自分を嫌い続けて生きるのは難しいです。自分の顔を自分とは別人格とみ
なしてその個性を認めてやり、客観視できるようになれば、やがて自分の顔
を嫌う気持ちは薄れ、愛着が湧いてくるのではないかと思います。

（回答者：佐藤有耕）

一言アドバイス

ニーバーの祈りは、変えられないものと変えられるものを見分ける賢さを希求するものです。

自分の体臭が気になります。

自分の体臭が気になって、ときどき挙動不審になってしまいます。体育の後は更衣室で制汗スプレーなどを使って対処できるのですが、遅刻しそうになって駅まで走った後の電車の中などは地獄です。周りの人に「汗くさいなぁ」的な目で見られているような気がして、汗を拭きながらも一生懸命に何事もなかったかのようにふるまおうとしています。そんな混雑した朝の電車で友達に会うと、一緒に登校することになるのですが、自分の体臭や口臭が気になって、せっかくの楽しいはずの会話も上の空です。自分が気にしているほど、周囲の人は気にしていないのかもしれないのですが、僕はすごく気になります。

（男性◎16歳）

A 自意識過剰、それは誰もが通る道です。

「アイデンティティ」という言葉で有名なエリクソンは、この状態をアイデンティティ拡散の状態の一つと位置づけ、「アイデンティティ意識」（自意識過剰）と呼んでいます[9]。体臭に限らず、ふだんから自分に自信がなく、必要以上に他人に対して申し訳ないような気がしたり、周りから非難されるのではないかと心配になったり、何かを決めてもそれが間違いだったような気がしたりすることはありませんか。エリクソンは人間の生涯を8つの段階に分け、各段階における固有の心理・社会的主題が存在することを示しました。その中の青年期の心理・社会的発達主題が「アイデンティティ

身体 **10**章

確立」であり、その逆の状態を「アイデンティティ拡散」といいます。

　アイデンティティの感覚は、「自分で思っている私（自分が果たしている社会的役割、職業、家族の中の役割、集団のメンバーであること）が他の人からもそう思われている実感、自信」と説明されます[10]。思春期になり、自分のアイデンティティに関心をもちはじめた青年が、すぐにそんな自信をもてるはずがありません。青年期は多かれ少なかれ、誰もがアイデンティティ拡散を経験しつつアイデンティティ確立の方向を目指して探索する時期だと言えます。体臭が気にならないときは、時間が経つのを忘れて友達とのおしゃべりに没頭していませんか。自分がどう感じるか、他人がどのように見えるかを共有したり、自分の将来の計画や願望を話し合ったりして過ごしているのではないでしょうか。このように青年は、友達をはじめ周りの他者を鏡として、自分を様々な角度から映し、自分のアイデンティティを確立しようとしているのです。他の人から自分がどのように見えるか、どのように評価されているのかが気になる自意識過剰は、決してあなただけに見られる特殊な現象ではありません。

　しかし程度の問題ですが、医療機関に相談した方がよい場合もあります。対人恐怖とは「他人と同席する場面で、不当に強い不安と精神的緊張が生じ、そのため他人から軽蔑されるのではないか、嫌がられるのではないかと案じ、対人関係からできるだけ身を退こうとする」[11]青年期に発症しやすい心の病気であり、体臭恐怖はその一種です。自分の体臭を気にするあまり、自分の部屋から出ることができなかったり、学校に通うことができないような場合は、医療機関に相談してください。

　日常生活に支障がない程度の対人恐怖は青年期には一般的に広くみられるものであり、「対人恐怖的心性」と呼ばれています。対人恐怖的心性とは「他者から見た自分の姿への過剰な意識、特に他者に否定的に見られるのではないか、嫌な思いをさせているのではないかといった恥の感覚に近い意識」[12]から構成されています。したがってアイデンティティの確立に伴い、すなわち何か一生懸命になれるものに出会い、それに熱心に取り組み、少しずつ自分に自信がもてるようになるにつれて、自分の体臭はもちろん、周りの目も気にならなくなっていきます。

（回答者：三好昭子）

一言アドバイス

今は人生の中で自分への関心が高まっている時期。しっかり自分に向き合うことも大切なことです。

遺伝の影響からは逃れられないのでしょうか？

両親の嫌なところばかりを受け継いでいる自分が嫌になります。僕はもっと背が高くなりたいのですが、客観的に見ると、どう見ても母親の小柄で華奢な体格そっくりです。また小さい頃から母親や学校の先生に、「落ち着きがない！」と注意されてきましたが、父親はそんな僕を見て「昔のオレにそっくりだ」と言って笑います。僕は一生この遺伝の影響から逃れられないのでしょうか。自分以外のきょうだいはそんなことないのに、なんで自分ばっかり、と思ってしまいます。

（男性◎18歳）

A できないことや苦手なこと以外から自分の可能性を探る。

確かに遺伝の影響はあらゆる側面で見られます。身長や体重といった身体的な特徴からパーソナリティや才能にいたるまで、あらゆる側面で遺伝の影響が確認されていますが、そのデータは同時に、環境の影響も同じように重要であることを示しています[13]。遺伝子自体は、父親から半分、母親から半分を受け継いでいますが、ヒトは2万個を超える遺伝子の組み合わせによって成り立っているのです。しかも遺伝子の影響は環境によって表れ方が異なるため、遺伝現象は遺伝子の組み合わせが環境を介してあぶり出されてくるようなものなのです。ある遺伝子をもっていても、特定の環境にさらされなければ一生その遺伝子の影響が表れない場合もあるわけです。したがって、遺伝子によってすべてが決定されることはありませんし、また同

時に環境を変えることによって、すべてをコントロールする・思い通りにすることもできないのです。私たちはそのせめぎ合いのところで、どのように生きるかを問われ続けているといえます。

フランクルは人が生きる意味を見出すと精神的な病から回復するということに着目し、それを援助する心理療法（実存分析）を確立しました。絶望的な状況にもかかわらず、その状況に対する態度を決めるのは自分だと唱えるフランクル[14]。自分が受け継いだ遺伝子の制約に文句を言いながら一生を過ごすのも、自分がもっている遺伝子の特徴を活かす道を模索するのも、あなた次第だといえます。

きょうだいとは遺伝的に半分が同じです。2万個を超える遺伝子の半分が同じとはいえ、遺伝子の組み合わせとしては膨大な数が存在することになるので、半分違えばかなり違います。また同じ家庭で暮らしているきょうだいといえども出生順などによって異なる環境もあります。学校の先生や友達といった環境もずいぶん違います。自分以外のきょうだいと比べて、「なんで自分ばっかり」と落ち込んでいてもはじまりません。自分ばかりがハズレくじを引いたように思っているのかもしれませんが、他のきょうだいにも、きょうだいなりの悩みがあるものです。きょうだいの側からみると、あなたにも羨ましがられているところがあるはずです。

それではどのように遺伝子の特徴を活かす道を模索したらよいのでしょうか。環境が自由であるほど遺伝の影響が強く表れる[13]ことが示されています。小・中学校時代に比べて、今のあなたの環境はかなり自由になったのではないでしょうか。小・中学校時代に水泳が嫌でたまらなかった人は、18歳になった今、わざわざ水泳はやっていないはずです。やりたくないこと・嫌なことは避けられる範囲で避けているのです。好きでやりたいと思ってやっていることばかりではないかもしれませんが、やってみてはじめて自分が熱中できるものに出会えたりします。苦労はあるけれども思わず白熱していたというようなワクワクする瞬間は、まさに遺伝子が喜んでいる瞬間です。そういうものを積極的に見つけていきませんか。人と比べてできないことや苦手なことばかりに目を奪われて、自分の可能性を狭めてしまうのはもったいないことです。

（回答者：三好昭子）

一言アドバイス

できないことをなくすための活動よりも得意なことを伸ばす活動の方があなたの将来に直結します。

同性ばかりを好きになる私は変？

子供の頃から好きになるのは同性の相手でした。自分の体の性別が逆であってくれたらいいのにと、そればかりを願って生きてきました。このことは家族や周りの友達も知りません。恋愛の話題になるとはぐらかしてきたし、テレビで同性愛をからかうような番組を見るとイヤな気持ちになります。周りに打ち明けようと思ったことも何度かあったのですが、相手の私を見る目が変わりそうで怖くてできませんでした。このままでは将来、結婚もできないし子供ももてません。

（女性◎17歳）

自然な気持ちを大切に育ててほしい。

性を理解するには、セックス、ジェンダー、セクシュアリティという少なくとも3つの視点が必要であると考えられています。セックスはホルモンや二次性徴といった生理的・生物学的性、ジェンダーは性役割や性に対する偏見といった社会的・文化的性、セクシュアリティは性的指向や性行動といった対人的・関係的性を指します。すなわち、性は多層的であり、男性と女性という単純な二分割では理解しきれないのです。

LGBT（エル・ジー・ビー・ティー）という性の多様性を表す言葉があります。LGBTとは、レズビアン (lesbian)、ゲイ (gay)、バイセクシュアル (bisexual)、トランスジェンダー (transgender) の頭文字を組み合わせたものであり、インターセックス (intersex) や自身の性に迷っていることを

含めたクエスチョニング（questioning）などの頭文字が加わることもあります[15]。電通ダイバーシティ・ラボが2015年に行った調査では、20〜59歳の男女約7万人のうち7.6%がLGBTに該当すると報告されています。日本でもLGBT成人式（成りたい人になる〔＝成人〕ための決意をし、自分の着たい晴れ着を着て参加する成人式）が各地で開催され始め、2015年には渋谷区で同姓パートナーシップ条例が成立するなど、その理解も少しずつ広がっています。

　性に関する違和感を人に相談したり、周りに打ち明けたりすることは、大きな決断であるといえます。このことはカミングアウトの問題として知られていて、カミングアウトをしても安全か、支えてくれる人はいるかなどの準備をすることが大切になります。テレビ番組やインターネットには様々な情報があふれており、本当に信頼できる情報であるかを確かめることも必要です。「いつカミングアウトするのか」と自分自身にたずねてみて、「今はカミングアウトしない」という答えも選択肢の一つです。あなた自身のペースやタイミングを尊重することが重要であるといえます。それに対して、自分にはそのつもりはなかったのに周りに知られてしまったという場合には、突然のことで混乱したり動揺した気持ちになったりするかもしれません。そのときは、まずは自分の気持ちや周囲の状況を整理してみてください。そして、家族や学校、地域の専門機関に相談したり、助けを求めたりすることも考えられます。

　子供を育てることは、血縁関係に限られた営みではありません。養子縁組をするなどして親になっているLGBTの方もいます。さらに、子供を産むこと以外にも、地域社会で次世代の子供たちを育てる、仕事や作品を後世に遺すという考え方や生き方があることも紹介しておきます。性が多様であるように、家族のあり方もまた多様であるといえます。

　性科学者のダイアモンドは、男性と女性という枠組みに当てはまらない考え方や生き方を「不自然だ」と非難する社会に対して、事実はむしろ反対であり、「自然は多様性を愛する。これを嫌うのは社会である（Nature loves variety/diversity. Unfortunately, society hates it.）」と述べています。あなたの自然な気持ちをどうぞ大切に育ててください。　　（回答者：池田幸恭）

一言アドバイス

当たり前と思っていることに他の選択肢や可能性はないか、ぜひ考えてみてください。

セックスしない＝好きじゃない になりますか？

彼氏とつきあい始めてから3か月くらいになりますが、最近、彼が「もうそろそろいいだろ、好きだったらセックスするのは当然だよ。……ひょっとしてオレのこと好きじゃないの？」と言ってきます。友達からも、「つきあってるのにやらせてあげないのは飼い殺しだよ、かわいそう」と言われます。好きだから、つきあっているのだからセックスするのは当然なのでしょうか。セックスしないのは、好きじゃないということになるのでしょうか。　　　　　　　　　　（女性◎18歳）

セックスへの不安は発達的必然の可能性も。

性に関して、「結婚するまではだめ」や「愛情があればしてもよい」など意見は様々です。心理学のいくつかの理論や研究から考えてみましょう。

まず、セックスしたい、という感覚から考えてみます。早ければ小学校高学年を迎えるころ青年期が始まり、二次性徴（男性は精通や筋肉の増加、女性は脂肪の増加や初潮などの身体的・生理的変化）があらわれ、生殖機能、つまり子供をつくる能力が顕在化します。またこの時期は知的能力も発達し、認識世界が広がるにつれて、セックスがどんなものか知りたい、などの未知の世界への好奇心が高まることも想定できます。つまり、性欲そのものや性への興味は自然なことと言えます。

次にセックスへの不安について考えてみましょう。私たちには心理的な縄

張りのようなものである「自我境界」があり、他者から物理的に近寄られすぎたり、プライベートな話題に必要以上に踏み込まれると、心の防衛反応として不快や不安を感じます。セックスは、物理的にも心理的にもお互いをさらけ出し侵入しあう行為なので、この防衛反応が生じやすいと言えます。

　では「好き」でも防衛反応が生じることがあるでしょうか。アメリカの人格発達心理学者エリクソンは、青年期の次の初期成人期に、「生涯をともにする」人生のパートナーと、飾らず本音でつきあうことのできる心理状態（「親密性」）が形成されると言っています[16]。このとき、自分をさらけ出しても安心してくつろぐことができるようになります（防衛の消失）。実はこの親密性形成の土台として、生き方の方向性が定まり、自分にある程度自信（アイデンティティ形成にともなう自信）をもつことが必要だと考えられます。そうでないと、相手に近づくことで、定まらない自分が影響を受けて揺らいでしまい、自分がだんだんと削り取られていくような感覚（「飲み込まれる不安」）に陥ることがあるからです[10]。そもそも青年期は生き方の模索中でいまだ定まらないことが多く、たとえ相手を「好き」でも、「自分の問題が解決しておらず自信がないので、相手と身も心も親密になるのは『不安』だ」という心理状態になりやすいと考えられます。この不安は単なる自己中心的考えではなく発達的必然といえます。相手に合わせて無理に行為すると、潜在的な不安が高まる可能性もあります。ですから、心理的成長が進むまで相手に「待ってもらう」のは発達上良いことで、そのことで相手とさらに良い人間関係を形成することができる可能性もあります。この理屈を相手や周囲の友人に説明して、待ってもらってよいのです。そしてまずしっかりと自分の生き方の問題に取り組み、そのうえで相手との将来も見据えた関係性を時間をかけて築くことをおすすめします。

　ここからは相手の方にも読んでもらいたいメッセージです。生き方が定まり人格的に成長すると、「自分のため」だけでなく「相手のため」に配慮できて、好きな相手の意思も自然と尊重できるようになると言われています[10]。これは愛情の発達に関する知見です。つまり相手に配慮し「待つ」ことが、人格的に一段階成長した証とも言えます。このようにセックスの問題を、心理的側面から考えることも可能なのです。　　　　　　　（回答者：茂垣まどか）

一言アドバイス

「今だけ」波風が立たないことを選ぶか、「将来的に」より良い関係を築くことを選ぶか。

おすすめ図書

○遺伝マインド：遺伝子が織り成す行動と文化
安藤寿康（著）　2011年　有斐閣

個人差に影響するものは何でしょうか。遺伝子決定論でも環境決定論でもない、新しい遺伝観から世界を再構成してみませんか。

○ホーナイ全集6　神経症と人間の成長
ホーナイ, K.（著）榎本 譲・丹治 竜郎（訳）　1998年　誠信書房

理想の自分がいつしか自分のあるべき姿となり、それを追い求めるうちに本当の自分を見失ってしまう……という心のメカニズムをわかりやすく解説。

○嫌われる勇気：自己啓発の源流「アドラー」の教え
岸見一郎・古賀史健（著）　2013年　ダイヤモンド社

「自意識過剰」「劣等感」「対人関係の悩み」などをテーマとして、アドラーの思想に精通している哲人と、それに対して懐疑的な青年との対話。

○自分を傷つけずにはいられない：自傷から回復するためのヒント
松本俊彦（著）　2015年　講談社

自傷行為をやめたいけどやめられない、助けを求めたいけど一人で悩んでいる人へ、青年の自傷行為と向き合ってきた精神科医からのアドバイス。

○「他人の目」が気になる人へ：自分らしくのびのび生きるヒント
水島広子（著）　2016年　光文社知恵の森文庫

それぞれが多様でよい、人と違っていてよい、そういうメッセージの発信者になっていこう！　摂食障害を専門とする精神科医からのメッセージです。

○瘋癲老人日記
谷崎潤一郎（著）　2001年　中公文庫　【小説】

人からどう見られているか、どう思われているかにとらわれてばかりで、人生を楽しめていない人におすすめです。笑ってしまうほどの究極の肯定。

○きりぎりす
太宰 治（著）　1974年　新潮文庫　【小説】

自意識過剰、恥・疑惑の感覚を表している作品がほとんど。自分の力、才能を信じたい、でも信じられない！　という作者の苦悩が伝わってくる一冊。

引用文献

1章

1 フランクル, V. E.（2011, 山田邦男　監訳）『人間とは何か：実存的精神療法』春秋社.
2 エリクソン, E. H.（2011, 西平 直・中島由恵　訳）『アイデンティティとライフサイクル』誠信書房.
3 Hollingworth, L. S.（1928）*The psychology of the adolescent.* New York: Appleton Century.
4 Marcia, J. E.（1966）Development and validation of ego-identity status. *Journal of Personality and Social Psychology*, 3, pp. 551-558.
5 大野 久（2014）「高校の生徒・進路指導におけるアイデンティティ概念に関する誤った教育とその弊害」（立教大学）教職研究, 25, pp. 1-9.
6 エリクソン, E. H.（1977, 仁科弥生　訳）『幼児期と社会 1』みすず書房.
7 エリクソン, E. H.（1980, 仁科弥生　訳）『幼児期と社会 2』みすず書房.
8 アドラー, A.（2010, 岸見一郎　訳）『人生の意味の心理学』アルテ.
9 オルポート, G. W.（1959, 豊沢 登　訳）『人間の形成：人格心理学のための基礎的考察』理想社.
10 フロム, E.（2000, 小此木啓吾　監訳）『よりよく生きるということ』第三文明社.
11 大野 久（編著）（2010）『エピソードでつかむ青年心理学』ミネルヴァ書房.
12 ピーパー, J.（1988, 稲垣良典　訳）『余暇と祝祭』講談社.
13 金井壽宏（2002）『働くひとのためのキャリア・デザイン』PHP 新書.
14 中原 淳・溝上慎一（編）（2014）『活躍する組織人の探究：大学から企業へのトランジション』東京大学出版会.
15 ジョーンズ, G.、ウォーレス, C.（2002, 宮本みち子　監訳）『若者はなぜ大人になれないのか：家族・国家・シティズンシップ』新評論.
16 厚生労働省（2015）「ひとり親家庭・多子世帯等の自立支援に関する関係府省会議 資料 3」.
17 文部科学省（2014）「子供の学習費調査」.
18 髙坂康雅（2013）「大学生におけるアイデンティティと恋愛関係との因果関係の推定：恋人のいる大学生に対する 3 波パネル調査」『発達心理学研究』24（1）, pp. 33-41.

2章

1 総務省　第 24 回参議院選挙発表資料
　http://www.soumu.go.jp/senkyo/24sansokuhou/index.html（2017 年 10 月 15 日閲覧）
2 内閣府（2015）「平成 25 年度 我が国と諸外国の若者の意識に関する調査」報告書（PDF 版）http://www8.cao.go.jp/youth/kenkyu/thinking/h25/pdf_index.html
3 峰尾菜生子（2017）「大学生における日本社会に対する社会観の特徴：自由記述に基づく社会観尺度の作成と妥当性の検討」『青年心理学研究』28, pp. 67-85.
4 SEALDs（編著）（2015）『SEALDs：民主主義ってこれだ！』大月書店.
5 原田唯司（1989）「青年の社会的発達」久世敏雄（編）『青年の心理を探る』福村出版, pp. 85-116.
6 楠見 孝（1995）「青年期の認知発達と知識獲得」落合良行・楠見 孝（編）『講座生涯発達心理学 4　自己への問い直し：青年期』金子書房, pp. 57-88.

7　山岸明子（1990）「青年の人格発達」無藤 隆・高橋惠子・田島信元（編）『発達心理学入門II：青年・成人・老人』東京大学出版会，pp. 11-30.

8　生命保険文化センター (2016)「平成 28 年度「生活保障に関する調査」（平成 28 年 12 月発行）」http://www.jili.or.jp/research/report/chousa28th_1.html（2017 年 3 月 30 日閲覧）

9　白井利明・安達智子・若松養亮・下村英雄・川﨑友嗣 (2009)「青年期から成人期にかけての社会への移行における社会的信頼の効果：シティズンシップの観点から」『発達心理学研究』20，pp. 224-233.

10　瀬藤乃理子 (2016)「死別」川島大輔・近藤 惠（編）『はじめての死生心理学：現代社会において、死とともに生きる』新曜社，pp. 47-61.

11　グロルマン，E. A.（2011, 日野原重明　監訳）『新版 愛する人を亡くした時』春秋社.

3章

1　労働政策研究・研修機構 (2016)「ユースフル労働統計 2016：労働統計加工指標集」http://www.jil.go.jp/kokunai/statistics/kako/documents/21_p281-325.pdf#page=8（2017 年 3 月 30 日閲覧）

2　Arnet, J. J.（2014）*Emerging adulthood: The winding road from the late teens through the twenties(2nd ed.).* New York: Oxford University Press. p. 173.

3　厚生労働省（2015）「大学生等に対するアルバイトに関する意識等調査結果について（報道発表）」．http://www.mhlw.go.jp/stf/houdou/0000103577.html（2017 年 3 月 13 日閲覧）

4　山本 力（1984）「アイデンティティ理論との対話：Erikson における同一性概念の展望」鑪幹八郎・山本 力・宮下一博（共編）『アイデンティティ研究の展望 I』ナカニシヤ出版，p. 21.

5　小平英志・西田裕紀子（2004）「大学生のアルバイト経験とその意味づけ」『日本青年心理学会第 12 回大会発表論文集』pp. 30-31.

6　上淵 寿（2004）『動機づけ研究の最前線』北大路書房.

7　シャイン，E. H.（2003, 金井壽宏　訳）『キャリア・アンカー：自分のほんとうの価値を発見しよう』白桃書房.

8　大野 久 (2010)「青年期のアイデンティティの発達」大野 久（編著）『エピソードでつかむ青年心理学』ミネルヴァ書房，pp. 37-75.

9　溝上慎一（2010）『現代青年期の心理学：適応から自己形成の時代へ』有斐閣選書.

4章

1　フランクル，V. E.（2011, 山田邦男　監訳）『人間とは何か：実存的精神療法』春秋社.

2　オルウェーズ，D.（1995, 松井賚夫・角山 剛・都築幸恵　訳）『いじめ こうすれば防げる：ノルウェーにおける成功例』川島書店.

5章

1　宮下一博（1995）「青年期の同世代関係」落合良行・楠見 孝（責任編集）『講座生涯発達心理学 4　自己への問い直し：青年期』pp. 155-184.

2　菅佐和子（1994）「女の子から女性へ：思春期」岡本祐子・松下美知子（編著）『女性のためのライフサイクル心理学』福村出版，pp. 73-90.

3　天野隆雄（1981）『女子生徒の心理とその教育』早稲田大学出版部.

4 久世敏雄（1962）「友人関係の発達」松村康平・西平直喜（編）『青年心理学』朝倉書店，pp. 114-125.

5 岡田努（2007）『現代青年の心理学：若者の心の虚像と実像』世界思想社.

6 ケイン，S.（2013，古草秀子　訳）『内向型人間の時代：社会を変える静かな人の力』講談社.

7 千島雄太・村上達也（2015）「現代青年における"キャラ"を介した友人関係の実態と友人関係満足感の関連："キャラ"に対する考え方を中心に」『青年心理学研究』26，pp. 129-146.

8 千島雄太・村上達也（2016）「友人関係における"キャラ"の受け止め方と心理的適応：中学生と大学生の比較」『教育心理学研究』64，pp. 1-12.

9 浅野智彦（編）（2006）『検証・若者の変貌：失われた10年の後に』勁草書房.

10 谷冬彦（2001）「青年という物語：少年から大人へ」『青少年問題』48，pp. 13-17.

11 エリクソン，E. H.（1980，仁科弥生　訳）『幼児期と社会2』みすず書房.

12 ブーバー，M.（1978，田口義弘　訳）『我と汝・対話』みすず書房.

13 藤井恭子（2001）「青年期の友人関係における山アラシ・ジレンマの分析」『教育心理学研究』49，pp. 146-155.

14 石川英夫（1986）「大学生の異性との友人関係について（1）」『東京経済大学人文自然科学論集』74，pp. 1-48.

15 谷口淳一・大坊郁夫（2005）「異性との親密な関係における自己呈示動機の検討」『実験社会心理学研究』45，pp. 13-24.

16 髙坂康雅（2010）「大学生における同性友人，異性友人，恋人に対する期待の比較」『パーソナリティ研究』18，pp. 140-151.

7章

1 Baumrind, D.（1967）Child care practices anteceding 3 patterns of preschool behavior. *Genetic Psychology Monographs.* 75, pp. 43-88.

2 渡邉賢二・平石賢二（2007）「中学生の母親の養育スキル尺度の作成：学年別による自尊感情との関連」『家族心理学研究』21，pp. 106-117.

3 落合良行・佐藤有耕（1996）「親子関係の変化からみた心理的離乳への過程の分析」『教育心理学研究』44，pp. 11-22.

4 平石賢二（2015）「青年期の親子関係の特徴」白井利明（編）『よくわかる青年心理学第2版』ミネルヴァ書房.

5 Steinberg, L., & Silverberg, S.（1986）The Vicissitudes of Autonomy in Early Adolescence. *Child Development*, 57, pp. 841-851.

6 水本深喜・山根律子（2011）「青年期から成人期への移行期における母娘関係：「母子関係における精神的自立尺度」の作成および「母子関係の4類型モデル」の検討」『教育心理学研究』59，pp. 462-473.

7 水本深喜（2016）「母親への親密性が青年期後期の娘の精神的自立に与える影響：「母親への親密性尺度」による検討」『青年心理学研究』27，pp. 103-118.

8 池田幸恭（2006）「青年期における母親に対する感謝の心理状態の分析」『教育心理学研究』54，pp. 487-497.

9 大野久（編著）（2010）『エピソードでつかむ青年心理学』ミネルヴァ書房.

10 河合隼雄（1977）『無意識の構造』中央公論社.

11 ゴードン，T.（1980，近藤千恵　訳）『親業：新しい親子関係の創造 新版』サイマル

出版会.

8章

1　中間玲子（2016）『自尊感情の心理学：理解を深める「取扱説明書」』金子書房.

9章

1　大野 久（編著）（2010）『エピソードでつかむ青年心理学』ミネルヴァ書房.
2　若尾良徳（2003）「日本の若者にみられる2つの恋愛幻想：恋人がいる人の割合の誤った推測と，恋人がいる人へのポジティブなイメージ」『東京都立大学心理学研究』13, pp. 9-16.
3　国立社会保障・人口問題研究所（2016）「第15回出生動向基本調査（結婚と出産に関する全国調査）」http://www.ipss.go.jp/ps-doukou/j/doukou15/doukou15_gaiyo.asp（2017年3月6日閲覧）

10章

1　齊藤誠一・溝上慎一（1994）「青年後期女性におけるボディーイメージと摂食障害傾向の関連について」『神戸大学発達科学部研究紀要』2, pp. 13-20.
2　松本俊彦（2009）『自傷行為の理解と援助：「故意に自分の健康を害する」若者たち』日本評論社.
3　ホーナイ, K.（1998, 榎本 譲・丹治竜郎　訳）『ホーナイ全集6 神経症と人間の成長』誠信書房.
4　髙坂康雅（2012）『劣等感の青年心理学的研究』風間書房.
5　鍋田恭孝（1997）『対人恐怖・醜形恐怖：「他者を恐れ・自らを嫌悪する病い」の心理と病理』金剛出版.
6　マイフェイス・マイスタイル（2006）「見た目問題とは」http://mfms.jp/mitame-mondai（2017年3月31日閲覧）
7　水野敬也（2017）『顔ニモマケズ：どんな「見た目」でも幸せになれることを証明した9人の物語』文響社.
8　松本 周（2011）「〈ニーバーの祈り〉とスピリチュアリティ：その日本における受容形態の考察」『聖学院大学総合研究所紀要』53, pp. 92-109.
9　エリクソン, E. H.（2011, 西平 直・中島由恵　訳）『アイデンティティとライフサイクル』誠信書房.
10　大野 久（編著）（2010）『エピソードでつかむ青年心理学』ミネルヴァ書房.
11　笠原 嘉（1993）「対人恐怖」加藤正明他（編）『新版 精神医学事典』弘文堂, p. 515.
12　相澤直樹（2004）「自意識過剰」谷 冬彦・宮下一博（編）『さまよえる青少年の心：アイデンティティの病理 発達臨床心理学的考察』北大路書房, pp. 43-49.
13　安藤寿康（2011）『遺伝マインド：遺伝子が織り成す行動と文化』有斐閣.
14　フランクル, V. E.（2002, 池田香代子　訳）『夜と霧（新版）』みすず書房.
15　ヒューゲル, K.（2011, 上田勢子　訳）『LGBTQってなに？：セクシュアル・マイノリティのためのハンドブック』明石書店.
16　エリクソン, E. H.（1977, 仁科弥生　訳）『幼児期と社会1』みすず書房.

企　画：日本青年心理学会

執筆者：池田幸恭（和洋女子大学）

伊藤裕子（文京学院大学）

宇都宮博（立命館大学）

大野　久（立教大学）☆

岡田　努（金沢大学）

小塩真司（早稲田大学）☆

髙坂康雅（和光大学）

小平英志（日本福祉大学）

小髙　恵（太成学院大学）

佐藤有耕（筑波大学）☆

下村英雄（労働政策研究・研修機構）

白井利明（大阪教育大学）☆

千島雄太（筑波大学）

中間玲子（兵庫教育大学）

原田唯司（静岡大学）

平石賢二（名古屋大学）☆

藤井恭子（関西学院大学）

松島公望（東京大学）

水本深喜（国立成育医療研究センター）

溝上慎一（京都大学）☆

峰尾菜生子（中央大学）

三好昭子（帝京大学短期大学）☆

茂垣まどか（立教大学）

山田剛史（京都大学）

若松養亮（滋賀大学）☆

渡邉賢二（皇學館大学）　　　　　　　　　　＊50音順、☆編者

マンガ・カバーイラスト：優日

装　帧・本文デザイン：臼井弘志（公和図書デザイン室）

君の悩みに答えよう
──青年心理学者と考える10代・20代のための生きるヒント

2017年11月30日　初版第1刷発行

企　画	日本青年心理学会
編　集	大野久・小塩真司・佐藤有耕・白井利明・
	平石賢二・溝上慎一・三好昭子・若松養亮
発行者	石井昭男
発行所	福村出版株式会社
	〒113-0034　東京都文京区湯島2-14-11
	電話　03-5812-9702／ファクス　03-5812-9705
	https://www.fukumura.co.jp
印　刷	モリモト印刷株式会社
製　本	協栄製本株式会社

© 2017 The Japan Society of Youth and Adolescent Psychology
Printed in Japan
ISBN978-4-571-23057-8　C0011
定価はカバーに表示してあります。
落丁本・乱丁本はお取り替えいたします。

福村出版◆好評図書

日本青年心理学会 企画／後藤宗理・二宮克美・高木秀明・
大野 久・白井利明・平石賢二・佐藤有耕・若松養亮 編集

新・青年心理学ハンドブック

◎25,000円　　ISBN978-4-571-23051-6　C3511

青年を取り巻く状況の
変化を俯瞰しながら，
研究の動向や課題を今
日的なトピックを交え
て論説。研究者必備。

山崎勝之 著

自 尊 感 情 革 命

●なぜ，学校や社会は「自尊感情」がそんなに好きなのか？

◎1,500円　　ISBN978-4-571-22054-8　C3011

人生を楽しくするのは
自律的自尊感情の高ま
り次第。幸せな人生を
送るための新しい自尊
感情教育を解説。

田丸敏高 著

発達心理学のこころを学ぶ

●心理学入門〈対話篇〉

◎1,600円　　ISBN978-4-571-23056-1　C3011

これから発達心理学を
学ぶ人に，子どものこ
ころと発達について学
ぶ意味を，心理学者と
学生の対話篇で教示。

心理科学研究会 編

大学生活をゆたかにする心理学

●心の科学への招待

◎1,700円　　ISBN978-4-571-20080-9　C3011

心理学の研究方法を学
ぶことを通じて「教養」
を深めよう。「心の科学」
という視点からの大学
生活入門ガイド。

髙坂康雅 著

恋 愛 心 理 学 特 論

●恋愛する青年／しない青年の読み解き方

◎2,300円　　ISBN978-4-571-25047-7　C3011

恋愛研究の活性化を目
指し，「恋人が欲しく
ない青年」など最新の
トピックを青年心理学
の立場から解明する。

宇都宮 博・神谷哲司 編著

夫と妻の生涯発達心理学

●関係性の危機と成熟

◎5,000円　　ISBN978-4-571-23055-4　C3011

夫婦の生涯に起こる
様々なライフイベント
について心理学の見地
から考察し，各分野の
関連研究を紹介する。

安部博史・野中博意・古川 聡 著

脳から始めるこころの理解

●その時，脳では何が起きているのか

◎2,300円　　ISBN978-4-571-21039-6　C3011

こころに問題を抱えて
いる時，脳で何が起こ
っているのか。日頃の
悩みから病まで，ここ
ろの謎を解き明かす。

◎価格は本体価格です。